AF341234

MITTERRAND ET NOUS

DU MÊME AUTEUR

Chagrin lorrain (avec F. Baudin), *essai, Seuil, 1979.*
L'âge déraison, *roman, Seuil, 1982.*
Trans-Europ-Express, *reportages, Seuil, 1984.*
Tanger, *Quai Voltaire, 1987, et le Livre de Poche (6783).*
L'Enthousiasme, *récit, Quai Voltaire, 1988 (Prix Populiste).*
Les Tambours du monde, *roman, Grasset, 1989, et le Livre de Poche (7361).*
Chronique du Liban rebelle 1988-1990, *Grasset, 1991.*
La Part du diable, *roman, Grasset, 1992.*
Littérature notre Ciel, *souvenir de Heinrich Maria Ledig Rowohlt, Grasset, 1992, hors commerce.*
Les Fêtes partagées, *lectures et autres voyages, Nil éditions, 1994 (Prix Marcel Thiebaud et Prix Liberté littéraire).*

Ouvrage collectif

Pourquoi écrivez-vous ? *sous la direction de Jean-François Fogel et Daniel Rondeau, Livre de Poche-Biblio (4086).*

DANIEL RONDEAU

MITTERRAND ET NOUS

BERNARD GRASSET
PARIS

« Nous sommes l'arrière-
garde ; et non seulement
une arrière-garde, mais une
arrière-garde un peu isolée,
quelquefois presque aban-
donnée. Une troupe en
l'air. Nous sommes pres-
que des *spécimens*. »

Charles PÉGUY,
Notre jeunesse.

« We are such stuff
As dreams are made on, and our little life
Is rounded with a sleep. »

SHAKESPEARE, *la Tempête.*

« Gardez-nous la primevère et le destin. »

René CHAR, *Prière rogue.*

« Ils se repentiront d'avoir tant travaillé,
Assailli, défendu, guerroyé, bataillé,
Pour un peuple mutin divisé de courage
Qui perd en se jouant un si bel héritage. »

RONSARD,
Discours sur les misères de ce temps.

Le 10 mai 1981, j'ai fermé mes volets. Il était un peu plus de vingt heures. Je n'étais pas allé voter, je n'avais pas non plus regardé le journal télévisé, je n'avais pas écouté la radio, je faisais comme si toute l'agitation de cette journée si particulière pendant laquelle les Français avaient confié le cours collectif de leurs existences à cet homme ne m'intéressait pas. Mais des cris montèrent de la rue, qui scandaient le nom de François Mitterrand dans la chaleur frémissante de cette soirée de printemps. J'habitais alors Nancy sur une place un peu inexpressive, très aérée mais désunie, qui donnait un sentiment d'inachèvement et tirait son charme des arbres du cours Léopold qui la prolongeait pour former une très longue esplanade, bornée à l'une de ses extrémités par la porte Desilles et à l'autre par la bâtisse blanche de la faculté de droit où j'avais commencé mes études, un peu avant 1968, et reçu, entre autres, l'excellent enseignement d'un professeur de finances publiques nommé Jack Lang. Une maigre procession descendait de la rue de la Ravinelle, des étudiants sans doute, qui s'égosillaient à bramer sur l'air de lampions : « On a gagné — Mitterrand président ! On a gagné — etc. », puis un cortège de voitures, klaxons bloqués, tourna autour de la place et de sa fontaine vide avant de s'éloigner porter la bonne nouvelle dans d'autres quartiers de la ville. Le concert de ces trompes déclinantes, qui ne disparut jamais tout à fait de l'horizon sonore de cette mémorable soirée, n'était plus que l'écho, le faible contrepoint de la morosité confuse qui venait de s'emparer de moi. Comment exprimer la nature des sentiments qui ce soir-là me mangeaient le cœur ? Ma tristesse était sans doute de n'appartenir à aucun camp, de ne pouvoir ni me réjouir, ni chanter, ni crier, sans pouvoir non plus partager le silence des vaincus, d'être condamné à n'avoir rien à faire, dans la stérilité de l'absence. Dégoût des hommes aussi, qui acclamaient leur champion avec les mêmes mots, et sur les mêmes refrains que ceux dont ils se grisaient, la bière aidant, les soirs de match, pour saluer les exploits du footballeur Michel Platini, l'enfant du pays, qui bénéficiait alors de la ferveur de la ville tout entière. J'étais habité, enfin, par la certitude de n'attendre rien, je veux dire rien de bon, de cet homme qui, à la même heure, s'enfermait dans une chambre de l'hôtel du Vieux-Morvan à Château-Chinon pour rédiger sa première déclaration de président de la République française, après avoir soupiré devant ses proches : « C'est quand même bien de finir comme ça, hein, c'est quand même bien... », et c'est ainsi que j'ai fermé mes volets.

J'appartiens à une génération qui eut vingt ans en mai 68. On nous a dit les enfants de Marx et de Coca-Cola. Nous étions en tout cas ceux de Jean-Luc Godard et de Charles de Gaulle. Fils indignes du Général, certainement, pressés non seulement de quitter la maison du Père, mais aussi de la détruire. L'esprit de Mai était passé sur la France, puis l'insurrection des cœurs et des esprits était retombée comme un soufflé. Nous étions quelques centaines à nous être rassemblés pour faire durer ce que Maurice Clavel appellera plus tard le « soulèvement de la vie ». Intellectuels descendus du carrosse du savoir, notre militantisme était une quête. Nous espérions « la disparition de la terre dans l'émergence fugitive d'un autre monde » (Christian Jambet), rien que cela. Comme le proclamaient encore à l'époque certains murs de Paris, nous voulions tout. Avec quelques siècles de retard, nous avions entendu l'appel de saint Bernard à ses frères quand il les exhortait à être « comme des guerriers sous la tente, cherchant à conquérir le ciel par la violence », et nous répétions avec saint Paul : « Nous sommes devenus comme l'ordure du monde, jusqu'à présent l'universel rebut. » L'usine était pour nous un point de vue unique sur le monde, la mère des victoires à venir sur l'ordre ancien. Nous voulions « qu'un assainissement du monde ouvrier, remontant de proche en proche, assainît le monde bourgeois et ainsi toute la société, et la cité même » (Péguy). Obsédés de sincérité, nous nous imposions de conformer nos actes à nos idées. Un soir de juillet 1971, soit dix ans avant l'élection de François Mitterrand, j'ai donc quitté Paris, où j'avais discontinué mes études, pour prendre le chemin des aciéries de l'Est et revenir à Nancy. J'ai déjà raconté cette part de notre jeunesse et n'y reviendrai pas. Je veux simplement dire en quelques mots quel avait été notre souci, et préciser que nous fûmes tous, à quelques malheureuses exceptions près, tentés de passer le reste de notre existence en dehors de l'Histoire. Nous nous désintéressâmes en effet, comme aurait pu l'écrire Vailland, après notre autodissolution consécutive à la grève des horlogers de Lip. La résistance prolongée de l'usine de Palente, près de Besançon, dépassait à nos yeux, et de loin, nos propres réussites sur le front des usines. Ce constat coïncida avec l'achèvement d'une longue et assez concrète réflexion sur la violence et le terrorisme. La noirceur de certaines de nos ambitions, pareilles parfois à celles des chefs romains pendant les guerres puniques, quand Caton réclamait à grands cris la destruction de Carthage, nous était apparue soudain plus évidente, et insupportable. Nous avions, pour toutes ces raisons, choisi l'effacement. A Dieu vat ! et chacun pour soi. J'avais continué de travailler en usine pendant un an. Le cœur n'y était plus, mais je restais libre. Pendant toutes ces années se produisirent des événements que nous ne soupçonnions pas ou que nous nous refusions d'envisager. François Mitterrand, sorti vainqueur du congrès d'Epinay, entouré de jeunes gens de notre âge, parmi lesquels Fabius, Attalius, et Boublius comme les nommait alors l'un de leurs aînés, menait déjà d'un pas ferme sa marche vers l'Elysée, transformant jour après jour, de négociation en conjuration, une coquille vide, ni plus ni moins qu'un groupuscule, le Parti socialiste, en un formidable instrument de conquête de pouvoir. Les errances de notre jeunesse avaient posé une infinie distance entre Mitterrand et nous.

A l'Elysée, un homme se mourait debout. C'était Georges Pompidou, dernier président de la République des professeurs, un homme au destin curieux, fils de paysans du Centre, et dont l'ambition s'était éveillée brutalement en regardant, au bras de sa femme, le général de Gaulle entrer dans Paris libéré, comme s'il avait eu soudain peur de passer à côté de sa propre vie alors que les trente-trois premières années de son existence n'avaient été semées somme toute que de banalités. Pompidou malade, victime de la politique, « la tragédie de notre temps », touché au vif par les dagues croisées de l'ambition et de la trahison, et qui s'était condamné lui-même à une succession impossible, gouvernait le cœur divisé. Il faisait de plus en plus du de Gaulle sans de Gaulle et se raidissait sur le pouvoir, et sur la vie qui lui échappait, essayant tant bien que mal, mais de plus en plus mal, de continuer à mener deux existences parallèles en sifflotant pour se donner du courage un air de Guy Béart qui lui disait : « Il fait toujours beau à Cajarc. » Vie publique, vie privée. Rive gauche, rive droite. La poésie, l'action. L'héritage gaulliste, la grâce de Touvier, ce pardon régalien que nous ne pouvions lui pardonner, nous qui portions sur nos épaules enfantines malgré les travaux de force le souvenir de la collaboration comme si nous l'avions vécue et subie personnellement. Vichy, avec son hôtel du Parc, et les lourdes dorures du pavillon Sévigné, nous apparaissait comme la capitale de l'abjection française, le trou noir et sans fond où notre pays était tombé comme une pierre après la défaite de 40. Un soir d'avril 1974, la télévision interrompit ses programmes pour diffuser un communiqué de l'Elysée annonçant la mort du président. Quelques semaines plus tard, au deuxième tour de l'élection présidentielle, je votais pour Mitterrand, sans y croire, et non sans une certaine répugnance, me reprochant d'ailleurs ce geste qui me réconciliait pourtant avec le système électif, au moment même où je lâchais dans l'urne le bulletin qui portait son nom. Et voici que, sept ans plus tard, la rue m'apprenait qu'il était notre nouveau président. Je me consolais en pensant que, cette fois-ci, je n'y étais pour rien.

A Paris, les métros étaient pris d'assaut. Direction, en première classe, s'il vous plaît : fête de la rose éclose, place des amours de Nini-Peau-de-Chien. La foule commençait à se rassembler place de la Bastille, lieu idéal de la mémoire révolutionnaire. Curieuse histoire. En 1789 en effet, la Bastille n'était plus depuis longtemps qu'un anachronisme, une bâtisse sans intérêt qui barrait le paysage. N'y croupissaient que quatre faussaires, deux fous, et un débauché sadique, tous « oubliés dans un épouvantail de féerie ». Et les canons logés dans les créneaux de son mur d'enceinte n'avaient plus servi depuis la Fronde. Le cardinal de Retz avait rapporté d'un ton dégagé cette dernière canonnade : « Ce fut un assez plaisant spectacle de voir les femmes, à ce fameux siège, porter leurs chaises dans le jardin de l'Arsenal, où était la batterie, comme au sermon. Des conseillers s'avisèrent de dire, en pleine assemblée de Chambres, qu'il fallait raser la Bastille. » Déjà. Le 14 juillet 1789, la colère du peuple se porta sur ce musée. Un garçon qui « savait travailler les viandes » coupa la tête de Launay, gouverneur de la citadelle. Les prisonniers furent libérés et hissés sur les épaules des émeutiers. On dansa pendant toute la nuit, avant d'entreprendre, au petit matin, la démolition de l'édifice. Des élégantes achetèrent des pierres du mur d'enceinte. La prison à peine détruite se reconstitua immédiatement dans l'imaginaire parisien de façon hautement symbolique. En juillet 1830, des barricades s'élevèrent à nouveau dans le faubourg Saint-Antoine. L'histoire avait pris goût au quartier. Quelque temps plus tard, la colonne de la Bastille était dédiée aux victimes des Trois Glorieuses. Victor Hugo, en quelques poèmes (« Paris prenait au collet /La Bastille scélérate/ [...] /Et l'infini s'éclairait/ Du côté de l'espérance ») et un livre monumental, coulait pour toujours la légende de la place dans le bronze de la littérature, et faisait de Gavroche le vrai génie des lieux. Ce royaume mythologique des courants d'air, cette place où s'élevait autrefois, près du fossé de l'ancienne citadelle, un éléphant de quarante pieds de haut portant une maison sur son dos, « cadavre grandiose d'une idée de Napoléon » et sorte de symbole de la force populaire, accueillit donc au soir du 10 mai ceux qui fêtaient la victoire de Mitterrand. Le nouveau président représentait à leurs yeux bien plus que son immodeste personne : il était la petite fille Espérance. Et l'infini s'éclairait. A deux pas, le directeur d'une célèbre brasserie, située sur les fondations de l'ancienne prison, un nationaliste basque, s'était persuadé que si Mitterrand était élu, il allait donner l'indépendance à ses compatriotes. Dès qu'il eut pris connaissance des premières estimations de vote,

Jean-François Kahn, alors directeur des *Nouvelles littéraires,* qui s'écrivaient dans le quartier Saint-Paul, lui téléphona en voisin. Le Basque hurla de joie : « Venez vite ! On va faire quelque chose ! Une petite fête ! » Deux mille convives se retrouvèrent chez Bofinger. Parmi eux, Aragon. Sa silhouette fragile domine encore les souvenirs de tous ceux qui étaient là. Toujours membre du comité central du Parti communiste français, mais déjà réfugié au pays des rêveurs agonisants, le vieux poète resta longtemps silencieux derrière un Vittel menthe. Quand il prit congé, il interrogea les aimables jeunes gens de son escorte :

« Mais' que fêtait-on exactement ?

— Maître, la victoire aux élections ! On a gagné !

— Si c'est Mitterrand qui a gagné, répondit-il, ces gens-là ont tort de se réjouir. »

Je l'imagine, élégant et beau, magnifiquement absent, mais encore capable de souffler sur la braise des mots, regagnant la paix de son appartement de la rue de Varenne, loin de la « foule animale ».

Et tout à coup, le silence fut une chose étrange. Des rais de lumière tombaient obliquement des interstices des volets. Le jour s'éternisait, c'était presque un soir d'été. Il y avait encore, dans le lointain, des klaxons, des cris épars et même quelques flonflons. Plus tard, des détonations retentirent au-dessus des toits de la ville. Des artificiers amateurs, apostés sur les fontaines de la place Stanislas, tiraient des girandoles qui éclataient dans la nuit en bouquets d'astragales. Un peu avant minuit, au péage de Fleury, à cinquante kilomètres de la capitale, deux motards de la République attendaient la voiture de François Mitterrand et de son épouse arrivant de Château-Chinon, que leur chauffeur vient d'entendre, à sa stupéfaction, chanter quelques refrains de *L'Internationale*. Le cortège présidentiel, escorté de ces deux anges casqués, fonce vers Paris sur un tapis de roses. Mais qu'est-ce que je lui reproche, au juste ?

Je lui reprochais des choses anciennes, qui s'étaient communiquées, de bouche à oreille, des certitudes (ou des incertitudes) antérieures.

« Je ne comprends pas très bien, soyez plus concret, que lui reprochiez-vous exactement, sa francisque ?

— La Résistance avait été notre " communauté de référence ", elle l'est restée d'ailleurs, alors...

— Ses déclarations pendant la guerre d'Algérie ?

— Oui.

— Ses sauts de cabri par-dessus les barrières de l'Observatoire ?

— Peut-être, même si, à l'époque de sa première élection, personne ne se souvenait déjà plus très bien de cette histoire.

— Le clocher gommé par son chef de publicité sur l'affiche dite de la force tranquille ?

— Je m'étais étonné de ce truquage, d'autant que c'étaient les catholiques, le vieux *centre* démocrate-chrétien, qui avaient fait son élection, mais après tout, ils l'avaient bien cherché.

— Alors quoi ? Sa social-démocratie, sans doute, comme tous les hommes de l'extrême gauche.

— Franchement, non. J'étais revenu, comme la plupart de mes anciens compagnons, des errances politiques de l'Absolu. J'avais au moins appris cela : il vaut mieux que le monde ne soit pas une page blanche, la tabula rasa est toujours une fosse commune. Nous avions franchi sans regret la ligne qui sépare l'impossible du possible — n'est-ce pas lui, Mitterrand, qui avait publié *Le Socialisme du possible*? — et renoncé aux forfanteries de l'idéal, mais non à ses vertus, tout en restant fidèles à un principe, moqué déjà en ce temps-là, et qui doit paraître à notre époque, je le crains, bien désuet et presque ridicule : on a raison de se révolter.

— Son absence de sincérité?

— Evidemment oui, mais avouez que je n'étais pas seul. La gauche mendésiste, les anciens du PSU, les journalistes de *L'Observateur*, les ouvriers de la CFDT l'avaient toujours tenu en suspicion.

— Mais tous ces gens dont vous parlez n'avaient-ils pas mis leurs réticences au fond de leurs poches avec leurs illusions par-dessus ? Il y avait un prix à payer pour que la gauche revienne au pouvoir, c'était...

— Mitterrand.

— Alors ?

— Pas confiance. Le passé de cet avocat — une vieille connaissance de la IVᵉ, quand même —, dont subitement il ne fallait plus rien savoir, ne plaidait pas pour lui. Au soir du 10 mai, je ne lui reprochais pas d'avoir gagné, même si j'avais plutôt l'habitude d'être du côté des vaincus, mais je craignais que son élection ne soit le couronnement d'un mensonge. J'avais été frappé par la phrase de William Blake qu'il avait mise en épigraphe à son livre *Ma part de vérité* : " Il devint ce qu'il voyait. " Je le voyais s'avancer dans un brouillard de roses et je pensais : il ne voit que son passé. " C'est quand même bien de finir comme ça, hein... " »

*
* *

Je suis revenu à Paris un peu plus tard. A cette époque, quand on évoquait devant moi la politique de Mitterrand, je parlais d'autre chose. Je me souviens qu'un soir Jack Lang m'a dit :

« Vous connaissez le président, naturellement ?

— Non, non, je ne l'ai jamais vu..., ai-je répondu en regardant mes souliers.

— Venez, je vais vous présenter.

— Est-ce bien nécessaire... »

Mais déjà Jack Lang, ce faux nonchalant, me tirait par la manche jusqu'au président. C'était à l'Elysée, le jour du lancement de l'année Stendhal. J'avais publié le matin même, dans *Libération*, un article sur Victor Del Litto, un universitaire ancien maquisard du Vercors, qui avait passé toute sa vie en conversation avec l'auteur de la *Chartreuse*. Le président m'en dit quelques mots aimables, enrichissant mes propos de ses propres souvenirs du docteur Martineau, originaire des Deux-Sèvres, qui avait autrefois, en 1912, acheté une librairie rue Bonaparte et publié, sur vergé, la *Correspondance* de Stendhal sous la couverture bleue du Divan. Le président bibliophile m'emmenait vers ses sommets. Je restais muet. Mon silence pouvait passer, à tort, pour de la discourtoisie ou même de l'insolence. Il tourna les talons. Je n'ai jamais cherché à le revoir. Quelques années passèrent. Je lisais, j'écrivais (littérature, notre ciel !), j'imaginais des romans qui m'occuperaient jusqu'à la fin de mes jours, je me livrais tout entier au travail, je voyageais, avec N., j'élevais nos enfants. J'oubliais la politique, m'obligeant même parfois à ne plus lire les journaux. Ce désenchantement mêlé à tant de fièvres et de douceur cachée fut mon exil de citoyen. Quelques explosions de semtex, la condamnation à mort de Rushdie, que ses procureurs en turban prétendaient interdire de publication à Paris, et l'abandon du Liban au chef de l'internationale terroriste m'amenèrent à regarder à nouveau autour de moi. Je ne quittais plus des yeux notre président. Je le voyais, de sept ans en sept ans, imprimer sa marque sur nos habitudes, nos mœurs, nos pensées et d'une certaine façon sur notre vie tout entière.

Le 10 mai 1981 ne fut pas pour lui une fin, comme il le croyait étrangement, mais un commencement. Le voici aujourd'hui au pouvoir depuis quatorze ans, habitant pleinement son époque telle qu'il l'a façonnée, jetant un regard allègre sur les hommes et les femmes qui se pressent autour de lui en ce jour du 14 juillet 1994 dans les jardins de l'Elysée. Amis ou ennemis, tous viennent lui manger dans la paume et tous commencent à lui ressembler. Ils ont pris ses manières, ses mots, son esprit, ils rivalisent de frivolité, d'ambiguïté, d'ironie, ils esquivent, ils se dérobent, ils sourient, ils oublient, ils se rengorgent d'être là, sur les pelouses du palais de l'ogre. Lui se repaît au festin de leurs consciences. Le président annonce qu'il s'en ira l'année prochaine. Il peut partir maintenant. Son œuvre est faite. La France est à sa main. Il vient encore, encore une fois, répondant aux questions des journalistes, en un silence, d'assassiner Rocard. Il s'étonne lui-même d'être si malade et si bien portant, capable de tuer, encore. Oui, il peut partir maintenant, le front ceint de couronnes en papier journal chantant ses louanges, se laisser glisser sur son tapis de sondages favorables vers sa bergerie de Latche, vers son élection de maréchal à l'Académie, vers ses palais de Venise, vers le lit sucré de la Mort qui nous attend tous et où je lui souhaite de s'allonger le plus tard possible. Puisqu'il nous dit qu'il s'en va, je m'incline : au revoir, monsieur le Président, au revoir, je redoute seulement que votre politique ne survive à votre départ.

J'aurais aimé pouvoir lui écrire, comme Fénelon à Louis XIV : « La personne, Sire, qui prend la liberté de vous écrire cette lettre [...] vous aime sans être connue de vous, elle regarde Dieu en votre personne. [...] Si elle vous parle fortement, n'en soyez pas étonné, c'est que la liberté est libre et forte. Vous n'êtes guère accoutumé à l'entendre. » Mais comment dire qu'on l'aime à un homme dont on pense qu'il a présidé à l'abaissement de nos vies.

Mon père exerça pendant toute la sienne le métier d'instituteur. Il est né en juillet 14 et mort au printemps 87. Cette figure ordinaire en son temps, une figure d'instituteur républicain, figure tempérante, réservée, tout entière vouée à la transmission d'un bagage de base, morale et connaissance, resta jusqu'au bout celle d'un homme simple, qui rayonnait par son unité, seulement compliquée par ces à-coups de cafard, toujours cachés, mais dont témoignait sur un front têtu le cryptogramme des rides. Sa conscience professionnelle lui interdisait d'exhiber devant ses élèves ses opinions philosophiques ou politiques. Il ne se départait pas de cette discrétion devant ses propres enfants. J'ai cherché plus d'une fois à le provoquer : en vain. Je l'ai pourtant croisé, un jour, à midi, devant le petit lycée de Chalons, dans un rassemblement de protestation contre l'attentat au plastic dont avait été victime un professeur d'allemand, membre du PSA, M. Humblot, visé par l'OAS. Il fronça les sourcils en m'apercevant : « Que fais-tu là ? — Et toi ? », lui répondis-je. Il sourit. Mai 68, l'exode d'un certain nombre d'intellectuels vers l'usine, mes mains calleuses d'ouvrier le plongèrent dans une infinie tristesse dont ne le sortit que la naissance de ses petits-enfants. Mais pourquoi parler de lui maintenant ? Parce que c'est lui qui me donna le premier une certaine idée de la France. Hugo, de Gaulle, Aragon, Malraux, Manouchian, le colonel Fabien, Camus, Chateaubriand, « cet écrivain revenu camper tout seul dans l'énorme France impériale comme dans un palais déménagé » (Julien Gracq), ont fortifié cette idée, à la fois poétique et politique, rêveuse et réaliste, que m'avait laissée mon père, qui la tenait lui-même de ses parents, des manouvriers vivant dans des hameaux en lisière d'une épaisse forêt percée par les eaux noires des étangs aux confins du Bassin parisien, et de ses instituteurs. J'ai le regret de constater que ce pays, cette société, cette façon, me semble-t-il, que des Français de toutes conditions nous avaient enseignée, de vivre, de travailler, de rire, de penser, de nous battre et d'écrire, ce pays-là n'est plus. Qu'est-ce qu'un pays, en effet, où l'on voit le plus proche conseiller du Prince, celui-là même que certains appelaient Attalius, écrire ses livres en se contentant de faire lire ceux des autres par ses nègres normaliens ? Qu'est-ce qu'un pays où l'on voit le même homme jeter en pâture, pour en tirer profit, des conversations d'Etat dont il n'avait été que le simple greffier ? Qu'est-ce qu'un pays où l'on voit des mécréants notoires se royaumer dans les palais du peuple ? Qu'est-ce qu'un pays qui manque à ses engagements les plus respectables, abandonnant un jour le Liban, le lendemain les Touaregs, un autre jour encore les Bosniaques, à des destins qu'ils ne méritaient pas ? Qu'est-ce qu'un pays qui pendant six ans va transfuser des hémophiles avec du sang contaminé par le virus du sida, criminelle insouciance, avant de prétendre ensuite s'en laver les

mains ? Ce pays est le nôtre, aujour-
d'hui. Celui de mon père appartient au
monde d'hier. Et nous alors, les vivants
survivants, que faisons-nous ? Est-ce là
notre vie, passé, présent, futur. aller de
défaite en défaite, subir toujours l'exil
dans notre propre maison ?

J'ai regardé, ce matin 14 juillet 1994,
le défilé des troupes sur les Champs-
Elysées. Une heure durant, six mille
soldats descendirent la plus belle avenue
du monde, entre deux rangées d'arbres,
dont les ramures portaient un feuillage
touffu, magnifiquement redressé vers le
ciel, d'un vert à la fois plein et tendre,
frissonnant dans la chaleur matutine,
malgré un ciel couvert, et qui, par un
effet de mirage télévisuel, donnaient au
cœur de Paris une allure de franche

campagne comme si toutes les vieilles forêts françaises — forêts d'Orient, d'Eawy, de Bellême, de Fontainebleau, de Compiègne, de Rambouillet, de Saint-Germain, de Marly, de Brocéliande, de Fougères, de Saverne, des Islettes, d'Orléans, de l'Adour, de Cîteaux, du Donon, de Gérardmer et du Vercors, avaient chacune dépêché quelques-uns de ses arbres pour rehausser l'éclat de cette parade triplement historique. On fêtait le cinquantième anniversaire de la Libération, c'était le jour du premier défilé de l'Eurocorps sur les Champs-Elysées, et donc du retour pacifique des Allemands en uniforme dans Paris, et enfin le quatorzième et dernier 14 juillet du président, assis en majesté au centre de la place de la Concorde, ancienne place Louis XV, sous un dais tricolore, aussi beau qu'une voile et tendu comme un drapeau dans une main de géant. Après le carré noir des polytechniciens, qui avaient épinglé sur leur uniforme le petit ruban rouge de la lutte contre le sida (du temps d'Edith Cresson, ils avaient tous glissé une petite botte de cresson dans leur poche), venaient les casoars des saint-cyriens, qui évoquent toujours pour moi le père de N., coiffé du célèbre shako à l'âge de dix-sept ans, puis les troupes d'infanterie de marine, aux étendards frappés de la croix de compagnon de la Libération, et parmi elles, un fameux régiment composé en partie de Mélanésiens venus de Plum, Nandaï et Nouméa, et les bérets rouges spécialistes de la quête du renseignement à l'arrière des lignes ennemies. Après les héritiers des légendaires SAS s'avançaient les spahis. Le vent gonfla leurs burnous gris gansés de rouge, et j'eus une pensée pour mon père, mobilisé en octobre 35 au 1er régiment de tirailleurs algériens, et qui m'avait un jour parlé des fantasias des spahis, sur l'allée des orangers, à Médéa. Ensuite, au son des fifres, d'un pas lent et solennel, barbes au vent, la hache sur l'épaule, précédée de ses enseignes, chapeau chinois et queue de cheval, venait la masse compacte des légionnaires, en éclaireurs de la 13e demi-brigade qui gagna ses lettres de noblesse à Narvik, en 40, et participa à tous les combats de la Seconde Guerre mondiale, de la Syrie jusqu'à la campagne de France en 1945. La Légion devançait les trois escadrons à soixante-douze sabres de la Garde républicaine, qui progressaient en rangs mouvants, d'un même trot allongé. Mais déjà grondaient les lourds engins des troupes motorisées, emmenées par les blindés du régiment de marche du Tchad. Impossible alors, devant ce carrousel ininterrompu d'images de gloire et de courage, surgies hier du néant des défaites, impossible devant les drapeaux de ces unités qui avaient rendu un visage à notre pays, un pays capable d'inventer le monde, « jamais plus grand que quand il parlait pour tous les hommes », impossible devant cette noria de chars et de canons automoteurs « pouvant rouler à soixante-dix kilomètres à l'heure sur une autoroute et capables de détruire une cible à vingt kilomètres de distance », impossible de ne pas penser, oui, que tout cela ne servait plus à rien. A quoi bon ce courage d'antan, et cette puissance informatisée et robotisée qui s'étalaient sur le large ruban des Champs-Elysées, si c'était pour rester paralysés comme nous le fûmes depuis trois longues années devant une poignée de criminels menant sur le sol européen une guerre raciste et menaçant la paix sur tout le continent ?

Un général était apparu dans une lucarne incrustée sur l'image de mon téléviseur. Il commentait les vagues successives du défilé, rappelant à propos d'un régiment qu'il assurait la sécurité sur l'aéroport de Sarajevo, de tel autre qu'il avait cantonné sur les pentes du mont Igman, d'un troisième qu'il servait aujourd'hui dans la poche de Bihac. Servir quoi ? Servir qui ? Le général-journaliste nous livra enfin la vérité sur l'utilité de cette parade en s'extasiant sur la « redoutable efficacité » de nos canons automoteurs : « Nous savons qu'ils font des dégâts considérables car nous en avons vendu à l'Irak qui s'en est beaucoup servi contre les Iraniens. » La vérité, la voilà : nous ne sommes plus capables que d'être des marchands d'armes.

Dans l'affaire de l'ancienne Yougoslavie et dans celle du Liban, la France a laissé bafouer le droit. Tout s'est passé décidément pour nous comme si, Maastricht ou pas, en Europe comme en Orient, dans le vacarme ou dans le

silence, nous avions admis l'effondrement de notre pays au rang des nations
lâches, impuissantes ou indifférentes. Il
nous faut désormais vivre les yeux
baissés pour ne pas voir avec quelle joie
les criminels de la planète, impunément
récompensés de tous leurs crimes, se
régalent de notre défaite.

Tous les hommes de ma génération
ont pourtant grandi dans le souvenir de
ceux qui avaient disparu dans la nuit des
camps nazis. Nos parents et nos maîtres
n'ont jamais manqué de rappeler à notre
jeunesse comment des troupeaux
d'hommes avaient été conduits vers la
mort jusqu'à Auschwitz ou Dachau et
avec quelle brutalité, au nom d'une
prétendue pureté de la race, les nazis
avaient mis en œuvre ce qu'ils appe-

laient la solution finale. Tous les jeunes Européens ont pu apprendre, à leur grand effroi, qu'il y avait, à quelques kilomètres de Weimar, un endroit nommé Buchenwald, où Goethe venait autrefois se promener avec Eckermann, et de quelle brutalité les descendants de l'auteur de *Poésie et Vérité* avaient été capables. Puis, nous autres Français avons découvert plus lentement, à contre-gré, que cette barbarie avait éclaboussé aussi notre passé, nos familles parfois, nos pères peut-être. Il fallut se rendre à l'évidence. Comme l'a dit Jean-Marie Aaron Lustiger : « Le tissu n'avait pas été très résistant. » L'importance du génocide dépassait en horreur les desseins des imaginations les plus criminelles. Tous les peuples européens, revenus à la paix, et le peuple allemand, encore à genoux et convalescent de ses péchés, s'accordèrent sur cette tragique leçon de l'Histoire : partout en Europe où un homme avait accepté de pactiser avec la haine nazie, c'est l'Europe qui avait été reniée. Partout en Europe où un homme avait préféré le confort de celui qui ne veut pas savoir, c'est l'Europe et son fragile héritage, miraculeusement transmis jusqu'à nous, enrichi depuis la Grèce du Ve siècle par le patient travail des générations, qui avaient été piétinés. Après la guerre, tous les Européens, donc, se retournèrent sur cet abject passé et s'écrièrent d'une seule voix : « Plus jamais cela ! » Ils avaient découvert que l'Europe aussi était mortelle et prenaient pour son avenir des résolutions en dur. Les Français crièrent un peu plus fort que les autres, par naturel, puisqu'ils sont toujours portés à l'emphase, et pour faire oublier qu'un certain nombre d'entre eux, quand la France était à Londres ou dans les maquis, avaient porté la francisque, joué au milicien ou simplement respiré les yeux fermés la paix de Vichy. A gauche, on agita longtemps les erreurs qui avaient conduit Hitler au succès de ses atroces manigances. Regrets et remords étaient rangés sous une seule étiquette : non-intervention. Non-intervention au moment du réarmement de la Rhénanie, de l'invasion de la Tchécoslovaquie, et, bien sûr, non-intervention en Espagne. Plus jamais cela. Il est difficile d'évoquer les crimes d'Hitler sans évoquer ceux de Staline, non par je ne sais quel absurde souci d'équité devant l'horreur, mais par simple souci de la vérité. Quarante millions de morts, cela fait bien, comme l'a fait remarquer un jour Jacques Julliard, vingt fois Auschwitz. La gauche, mis à part quelques refuzniks, ferma les yeux sur l'essentiel et sur le détail de tous ces crimes. La droite aussi, d'ailleurs. Hitler s'était suicidé. Staline l'avait remplacé. Il fallut attendre Soljenitsyne pour qu'enfin fût rétablie l'exactitude des faits. Personne ne parla jamais de juger d'éventuels criminels. On passa l'éponge et on oublia même de savoir ce qui se passait en Chine. Cette mansuétude à l'égard de la barbarie rouge n'annonçait rien de bon.

Il aura suffi en effet de quelques décennies pour assister au retour de l'impensable. Depuis des mois, les événements de l'ancienne Yougoslavie n'ont cessé de nourrir tragiquement notre actualité européenne. Les jours ont chassé les jours, les saisons les saisons et les atrocités se sont ajoutées aux atrocités dans un écœurant crescendo : invasion de la Croatie, oblitération de Vukovar, bombardement de Dubrovnik, destruction de villages, viols, massacres de prisonniers, mauvais traitements et exécutions par les forces serbes, passages à tabac et tortures, camps tenus comme des porcheries, prolifération de lieux de détention sauvages contrôlés par des milices dites incontrôlées, incendies d'églises catholiques, exode de citoyens juifs, extermination de musulmans. La force ouverte et la terreur ont été utilisées avec méthode pour vider la Bosnie de toute la population non serbe. Deux millions de personnes, soumises à la seule loi de la haine la plus vulgaire, emportant avec elles simplement les souvenirs de leurs morts et de leurs maisons brûlées, n'ont eu d'autre salut que la fuite. Les Serbes ont eu beau refuser d'exhumer les cadavres des charniers découverts au hasard de la campagne bosniaque, la vérité s'est imposée, hideuse et repoussante comme une flaque de sang : il y avait des tueurs qui exerçaient en riant une stratégie de la terreur sur des peuples de provinces européennes. Le sombre étendard de la « purification ethnique » planté sur leurs massacres a donné à tous ces ravages les couleurs de l'inacceptable.

Cette restauration inouïe de l'abjection s'est faite au grand jour. Les mufles, sûrs d'eux-mêmes, de leur volonté et, sans doute aussi, de notre absence de volonté, n'ont pris ni gants, ni masque. Les forces serbes ont même pu se permettre de battre tambour pour annoncer l'imminence de nouvelles conquêtes. Devant cette impudence du crime, l'Europe a commencé par se taire. Son seul programme : attendre et faire attendre. Attendre la conférence de Londres, attendre la conférence de Genève, où les diplomaties internationales n'ont fait qu'émettre quelques vœux pieux. En France, il a fallu attendre d'avoir épuisé les fausses querelles qui obscurcissaient le débat sur Maastricht. De quoi parlait-on ? Du rôle de la Bundesbank et de la baisse des taux d'intérêt ! Quelqu'un osait-il donner de la voix pour réclamer un débat politique et évoquer les événements de l'ancienne Yougoslavie, on rabrouait l'importun qui ne comprenait pas la nécessité de régler ces importants problèmes économiques. Les Français ont voté, donc, puis sont rentrés chez eux et ils ont pu prendre connaissance quelques semaines plus tard, du document rédigé par Tadeusz Mazowiecki, rapporteur spécial de la commission des Droits de l'homme de l'ONU. Je cite : « La purification ethnique apparaît non pas comme la conséquence de la guerre [en Bosnie-Herzégovine], mais plutôt comme son objectif. Ce but a, dans une large mesure, déjà été atteint... »

Les journaux télévisés ont continué d'agiter quelque temps le chiffon rouge de la baisse des taux d'intérêt, mais déjà d'autres débats occupaient les Français, tirés vers le bas par une décennie d'affairisme. Le nihilisme élyséen noircissait notre horizon. Nous ne pourrons pas dire : « Nous ne savions pas. »

Personne n'avait marchandé, malgré la méfiance que le personnage peut inspirer, son admiration à François Mitterrand quand il était allé, emmené par Bernard Kouchner, faire don de sa présence aux assiégés de Sarajevo, le 28 juin

1992 : « Il s'agit d'une obligation morale, hors texte, hors diplomatie », avait même précisé le président. Que signifiait la présence, ce jour-là, de Mitterrand dans la ville martyre ? Elle rappelait que Sarajevo était terre européenne, que l'Europe partageait les souffrances des assiégés et qu'elle ne voulait pas les voir mourir à moins de mourir elle-même. François Mitterrand, à Sarajevo, incarnait plus précisément encore la puissance fraternelle et protectrice d'une nation libre, la France. Belle journée de dupes ! Dupés les Français, qui avaient retrouvé un instant la fierté d'eux-mêmes, mais surtout, malheureusement, les assiégés, qui ont seulement appris à souffrir un peu plus sous le poids de la rancœur, de l'amertume et de la confiance trahie. Car rien n'est sorti de cette expédition. Rien qu'une « politique de paix », inspirée par la France à ce que nous continuions d'appeler l'Europe. Rappelez-vous cette phrase biaisée, bien dans la manière des dérobades de notre président : « Il ne faut pas rajouter la guerre à la guerre. » Hideuse politique de paix, car cette paix-là n'est-elle pas toujours la paix des vainqueurs, et des cimetières ? Il est facile aujourd'hui de juger Barbie, de pleurer les morts du Vel' d'Hiv' et ceux d'Izieu, en se battant la poitrine pour tout ce que nous n'avons pas fait, et d'honorer ceux qui sont morts sur les plages normandes pour que vive la liberté, si c'est pour refuser, une nouvelle fois, d'affronter l'Histoire.

Le jour anniversaire du D-Day, François Mitterrand commença par se faire attendre. Les voitures chauffaient dans la cour de l'Elysée, les motards lustraient les cuirs de leurs bottes avec leur mouchoir, les chauffeurs époussetaient les pare-brise, les conseillers lisaient sans les déplier les quotidiens du matin et l'angoisse tordait les mains des hommes du protocole dont les visages s'allongeaient en point d'interrogation. Une information, tombée du premier étage du palais, chuchotée de bouche en bouche jusqu'à revenir aux oreilles des huissiers en habit, fit le tour de la cour : « Le président téléphone. » Il téléphona longtemps après l'heure prévue pour son départ, par de longues négociations entre les diplomates de l'étiquette, et qui devait lui permettre d'accueillir Bill Clinton au moment même où celui-ci posait le pied sur le sol français. Trente minutes après l'heure H, François Mitterrand se présenta enfin sur le perron, passant sur son retard avec cet air d'ennui et de roide insolence qui lui va si bien, et par lequel il se plaît à manifester la dignité de sa personne et l'importance de son libre arbitre, qu'aucune obligation ne saurait souiller. Le retard pris au départ ne fut pas rattrapé à l'arrivée. Bill Clinton fut invité à patienter sous une tente, et la reine d'Angleterre, avertie de l'éventualité d'une modification de son emploi du temps, se fâcha, menaça, faisant savoir qu'elle n'avait pas pour habitude, elle, de faire attendre les anciens combattants et que ce n'était pas pour l'anniversaire du D-Day qu'elle allait commencer. François Mitterrand pouvait être content de lui. Il avait, par une désinvolture, manifesté son indépendance face au président américain, le vieux diable de la gauche progressiste, et marqué sa fierté de républicain devant une souveraine. Cette pierre dans le jardin de deux arrogants, dont un parvenu, ne fut pas sa seule action d'éclat. Les conseillers qui avaient rédigé son discours eurent en effet la surprise de l'entendre omettre au moment où il parlait, adossé à l'Atlantique, sur une estrade plantée dans le sable d'Omaha-

Beach, tous les passages où ils s'étaient appliqués, usant pourtant de mots si fades et refroidis depuis si longtemps — juste une pincée de civilité — dont ils pensaient qu'ils n'écorcheraient pas la bouche de celui qui les lirait, à rendre hommage à l'ancien chef de la France libre. François Mitterrand s'écoutait parler. Un président de la République française, dans l'exercice de ses fonctions, livrait, par sa bouche, ses méditations sur la Résistance et la liberté des peuples et le nom du Général n'était pas prononcé. Il pensa que le désordre de sa vie n'avait pas été vain.

Curieuse vie, creusée par une très patiente habileté dans le sillon du siècle. Jusqu'en 1940, il n'est qu'un brouillon d'homme. Il a beaucoup flâné, il a aimé Drieu et Montherlant, il s'est mis à sa fenêtre quand passaient des manifestations pour l'Espagne républicaine, il est entré dans le petit cercle des Croix-de-feu, il s'est intéressé à Doriot, il a joué au ping-pong, il a trouvé son Espagne — franquiste — en Italie sans sortir de la faculté de droit et crié « A bas les métèques » aux cours de Gaston Gèze qui soutenait le négus contre Mussolini, il a dansé au *Bœuf sur le toit*, il a récité ses chapelets, il a tenu des propos voltairiens, mais surtout il n'a admiré personne. C'était un jeune homme moqueur, qui regardait tourner la terre, le fils d'un temps, où « les hommes croyaient encore à l'individu » (Drieu). Puis la guerre s'est emparée de lui, comme de tous les autres. Le voici sur les routes de l'Est. Un obus éclate, il est blessé, décoré, fait prisonnier. Le stalag lui donne un ami. Mais la liberté lui manque. Ma liberté, ma liberté chérie ! Il ne supporte pas de la voir blessée, froissée, humiliée ou vaincue. Il ne connaît rien de plus précieux que *sa* liberté. Il se promet alors que, quelle que soit la loi commune du temps, il ne rendra plus compte qu'à Elle. Il sera son maître et son serviteur. Elle sera son idéal et sa discipline. Ayant pris toutes ces résolutions, et lassé de la soupe aux choux, il s'évade. C'est en homme libre qu'il se présente à Vichy. Maréchal, me voilà ! Un ancien joaillier de Van Cleef, chargé de la « censure artistique », c'est-à-dire de donner du style et de la cohérence à tous les insignes, breloques et porcelaines de Sèvres portant l'effigie du Maréchal, dessine alors une médaille destinée aux plus méritants des partisans et fonctionnaires de Philippe Pétain. La francisque distingue bientôt le maréchalisme de Mitterrand. A Vichy, le double jeu est un art de vivre. Chacun vit caché sous le manteau de ses mensonges. Le Maréchal lui-même s'y laisse prendre. Apprenant l'entrée en guerre de l'Allemagne contre l'URSS, il ne peut s'empêcher de jeter en l'air son képi, s'écriant : « Waterloo, Waterloo ! Les Allemands sont foutus ! » François Mitterrand prend contact avec la Résistance. Il ne manque pas de courage, d'ambition non plus, et devient Morland dans la clandestinité. Mitterrand de son chef envoie Morland à Londres, puis à Alger. Un jour de décembre 43, il franchit le cœur battant le seuil de la villa des Glycines, une villa qui tient à la fois du magasin de brocante, du dortoir de caserne et de la salle de presse, quartier général des opérations de la France libre. Mon Général, me voilà ! De Gaulle, du haut de sa désobéissance, toise le résistant de Vichy. L'exilé demande à l'homme du milieu des terres de se soumettre à son autorité. C'est Guernesey contre Barbezieux. « Quelle objection, écrira plus tard François Mitterrand, pouvais-je faire aux règles évidentes de la discipline nationale ? » Déjà l'entretien se termine.

Le bourdon de Notre-Dame sonne à

pleine volée. Libération ! Libération ! Une autre histoire s'anime, qui réclame des hommes moins héroïques. En une nuit, changement de décor. François Mitterrand rôde à l'avant-scène. Son ami de stalag, un vrai soldat, trouve qu'il ressemble alors à un danseur de tango. Il part en mission pour Dachau, se trouve à peu de frais un appartement rue Guynemer, et rencontre de Gaulle au ministère de la Guerre. Le Général soupire : « Encore vous... » Mais son charme opère. Un industriel cagoulard lui offre la rédaction en chef d'un magazine pour femmes récemment libérées, *Votre beauté.* Et la IVe, qui sera très vite une IIIe *bis*, grèves et occupations d'usines en moins, guerres coloniales en plus, le débarrasse pour un temps du Général qui prétendait continuer d'apprendre la France aux Français. La voie est libre. Mitterrand pense qu'il faut agir. Il se présente aux élections, il est battu, il insiste ailleurs, il est élu. Pour la gauche, il est « franchement de droite ». L'anticommunisme est le sésame électoral de cet obstiné, qui prouve très vite qu'il ne manque pas d'aplomb. La ronde des ministères commence. Mitterrand en profitera onze fois. A trente et un an, le voilà ministre. Il se plaît d'être si jeune encore et déjà si puissant. Il est heureux, cela se voit, les lectrices de *Elle* l'inscrivent au tableau des Français les plus séduisants, entre Louison Bobet et Albert Camus. Sa réputation, qui n'est pas toujours très bonne, ne cesse de grandir. Il impressionne. Il se sent tout à coup une grande fringale de continents à conquérir. L'Afrique réclame ses conférences. Il part. Quand il revient, c'est pour devenir ministre de la France d'outre-mer. L'Africain se rallie à Mendès France, sans conditions. Certains prétendent que c'est l'hommage du vice à la vertu. Il s'assied, pour quelques réunions du Centre des intellectuels catholiques français, rue Madame, aux côtés de François Mauriac, qui ne s'est jamais départi d'une certaine tendresse de romancier pour ce jeune homme insaisissable que lui a autrefois recommandé un cousin de province. François Mitterrand condamne alors la politique de la France d'outre-mer depuis 1945. Mauriac et Mendès le grandissent. La gauche va devoir compter avec lui. Ministre de l'Intérieur, puis garde des Sceaux, il fait ses classes d'homme d'Etat. Mais l'insurrection algérienne vient tout lui compliquer. Des haines solides s'accumulent autour de lui. Des flèches le touchent, tirées de tous côtés, des communistes, des ultras, comme des suppliciés d'Alger. La France, en effet, torture dans ses casernes et ses commissariats. Mitterrand, maître de la police, de la justice, se défausse et se tait, ne brisant qu'une seule fois publiquement la loi du silence. Il sait ce que parler veut dire : partir. L'absence n'est pas sa vocation. Il s'arrache pourtant du banc du gouvernement après la déposition du sultan Sidi Mohammed Ben Youssef, mais s'abstiendra d'être solidaire de Savary, démissionnaire après le kidnapping des chefs du FLN. C'est un étrange réformiste, au fond, qui proclame : « La seule négociation, c'est la guerre. » Il arrive qu'il s'ennuie et regarde voler les mouches pendant les séances du conseil, en s'appliquant à rester transparent. Transparent, mais solide. Ses ambitions s'enracinent maintenant dans les profondeurs de ce royaume souterrain qu'on appelle le pouvoir. L'homme ne manque pas de lucidité. Il a compris que l'affaire algérienne tournerait au désastre, mais ne désespère pas d'être là pour en ramasser les fruits acides. Son heure approche, il le sait, il le sent, il la désire. Tout ne vient-il pas à point à qui sait attendre ? C'est alors qu'une immense clameur monte de la place du Forum, à Alger. Un vertige saisit la métropole, qui frissonne. Peur, dégoût, plaisir.

L'histoire passe. Toutes les têtes se tournent vers les clochers de Colombey.

De Gaulle lui apparaît comme une figure antithétique, dominatrice, de son propre destin, et qui le poursuivrait comme une malédiction. L'ancien enfant gâté de la IVe dénonce la « dictature au masque bonasse » et ose reprocher au nouveau président d'avoir été trop heureux : « Comme l'alun qui manque à l'apprêt pour fixer la couleur du tissu, le malheur manquait à de Gaulle pour mordre sur la trame de la politique française. » Lassé de vivre dressé en face d'un géant, le vaincu s'invente un exil. Il voyage. Les collines du Morvan sont sa consolation. Revient-il à Paris que sept balles trouent la carrosserie de sa Peugeot, un soir d'octobre 1959, près du jardin de l'Observatoire. Il avait déjà bondi par-dessus les grilles du square tout proche et réussi à fuir ceux qui lui voulaient tant de mal. La gauche s'indigne, mais, d'une conférence de presse à l'autre, la vérité progresse, un peu. Le « condamné à mort » avait pris un verre avec son « assassin ». François Mitterrand n'avait pas dit toute la vérité. A *France-Observateur,* des journalistes organisent un concours de saut de haies dans les couloirs de la rédaction. Mauriac défend mollement son protégé, en disant : « Il aurait pu être écrivain, comme tout le monde, mais il a choisi de vivre les romans qu'il n'écrit pas. » Le Sénat vote la levée de son immunité parlementaire. Mitterrand est inculpé, jamais jugé. C'est un homme libre, mais bien seul ; moqué par les gaullistes, méprisé par la gauche, à tel point que les dirigeants du PSA, ancêtre du PSU, qui viennent d'accueillir Mendès avec un tapis rouge, lui refusent le droit d'entrer dans leur petit parti. Mais cet homme étrange se nourrit de ces haines et s'organise intérieurement pour survivre. Il publie *Le Coup d'Etat permanent,* écrit avec une encre violente, en fait miroir prophétique de ses propres aventures. Réduit à l'état de fantôme, souverain d'une poignée de fidèles, il forme un *shadow-cabinet.* Cette éphémère contre-institution, parée d'un vocable à l'élégance britannique, fait rêver la France des clubs, et lui donne un air de respectabilité. Il prend langue avec d'anciens adversaires, et même avec de vieux ennemis. Je ne sais plus qui écrit qu'à cette époque il apprend à parler socialiste. Il se présente à l'élection présidentielle. Sa solitude change de nature. Le voici seul, face à face avec de Gaulle, ce qui n'est plus pour lui tout à fait la même chose, tout de même, que d'être seul avec lui-même. Il lui faut endurer la révolte de Mai 68. Encore un faux pas (une déclaration prématurée de candidature), encore des insultes (la rue, la jeunesse), encore un divorce (l'opinion), encore des incompréhensions (un dernier différend avec Mendès). Mais lui pense : encore un peu de patience. De Gaulle finira bien par partir. Ce qui suit est plus connu. Un congrès, un parti, l'union de la gauche, Giscard. Le pouvoir est une chaise vide. François Mitterrand s'assied. « Ah, c'est quand même bien... »

Les événements ont coulé sur lui comme l'eau sur la lave refroidie. Rien, si ce n'est ses propres bévues, n'a jamais pu l'entamer. Il était l'homme le plus haï de France, en tirait une aristocratique ivresse, mais se disait : « Je serai un jour le plus aimé, tout vient à point... » Il avait une botte secrète, sa mémoire. Il savait, comme Céline nous l'a appris, que « la grande défaite en tout, c'est d'oublier, surtout ce qui nous a fait crever ». Il se taisait, n'oubliait rien, et s'imaginait volontiers en professeur d'amnésie nationale. Il prenait la politique pour le plus désespéré des théâtres. Sa force, et peut-être son malheur intime, était de voir le monde en gris clair et en gris foncé, en mensonge, en dérobade, en complot. Il vivait la dague dégainée. Il était vif, ne manquait pas d'audace, s'accordait très vite aux événements, sans les épouser, quand ils pouvaient lui servir, et les fuyait tout aussi rapidement s'ils menaçaient de lui nuire. Il savait qu'il y a en tout homme un peu de bassesse. Il se méfiait de tout et de tous, et même de ses amis. Il n'avait confiance que dans la sagesse des vieux arbres, et dans ses labradors. Les paysages et les ciels de la campagne française, avec quelques femmes, conquêtes et proies des heures légères, furent le repos de cette âme toujours sur le guet. Le temps passait, il refoulait ses impatiences. Il était d'ailleurs de moins en moins impatient, de plus en plus sûr.

Il avançait une grande cape noire sur les épaules, une écharpe rouge nouée autour de sa gorge fragile. Ces élégances parisiennes cachaient ses vieux habits de paysan-bourgeois des Charentes. Cette armure de velours le protégeait des grandes idées, ces boulets, pensait-il, auxquelles les consciences des sots s'attachent. Si j'ai fermé mes volets, en mai 1981, c'est parce que j'ai compris que cet homme ne croyait en rien.

En 1966 Jean Daniel, qui trouvera plus tard d'autres dimensions au personnage, écrivait déjà : « Cet homme ne nous donne pas seulement l'impression de ne croire en rien : on se sent devant lui coupable de croire en quelque chose. Il insinue comme malgré lui que rien n'est pur, que tout est sordide, qu'aucune illusion n'est permise. » Tout était dit. François Mitterrand, recevant enfin l'hommage du suffrage universel, devient pourtant notre président. Vichy, la Résistance, la gauche, la droite, le socialisme (dont il dira un jour, avec une certaine franchise : « Attention, le socialisme n'a pas toujours été ma bible ») n'ont été que les expédients de son ascension. François Mitterrand ne ment pas quand il affirme que rien n'a changé en lui de ce qui est profond. Cette absence de convictions, mariée, à chaque étape de sa vie, à un sens aigu du moment et des circonstances, explique seule certaines de ses fidélités. Car c'est vrai qu'il est fidèle, à des amitiés, à des mains secourables, à des obligés, à des réseaux, à des haines, à la chance, à lui-même.

Charles Péguy, dans *Notre jeunesse*, avait très bien parlé de ceux qui ne croient en rien : « Aussitôt après nous commence le monde que nous avons nommé, que nous ne cesserons pas de nommer le monde moderne. Le monde qui fait le malin. Le monde des intelligents, des avancés, de ceux qui savent, de ceux à qui on n'en remontre pas, de ceux à qui on n'en fait pas accroire. Le monde de ceux à qui on n'a plus rien à apprendre. Le monde de ceux qui font le malin. Le monde de ceux qui ne sont pas des dupes, des imbéciles. Comme nous. C'est-à-dire : le monde de ceux qui ne croient en rien, pas même à l'athéisme, qui ne se dévouent, qui ne se sacrifient à rien. »

J'en ai rencontré, des dupes et des imbéciles, comme nous, à Sarajevo, pendant l'hiver 1993-94. Une tristesse épaisse, lourde, tranchante, silencieuse et pourtant presque concrète pesait sur toute la ville. C'était la tristesse des foules qui dès l'aube parcouraient la ville dans tous les sens en suivant les voies de l'ancien tramway dont les carcasses brûlées achevaient de rouiller le long d'un quai désert. C'était la tristesse des femmes obligées de sourire aux soldats pour quêter une pomme de terre, oui, une pomme de terre. C'était la tristesse des Sarajeviens de toutes conditions que le siège semblait depuis des lustres avoir fait renoncer à toute forme de vie intense et qui passaient leurs journées, immobiles, pareils à des statues grises assises à croupetons devant la maigre flamme de leur gazinière quand ils avaient la chance d'avoir du gaz, fumant un improbable tabac, les yeux dans le vague, s'efforçant simplement d'attendre le soir sans penser à rien. C'était la tristesse des jours dévorés par des tâches absurdes et minuscules — partir en expédition avec une luge d'enfant pour en rapporter un peu de bois ou quelques bidons d'eau. La tristesse des soirs rabotés par le couvre-feu, la faim et les ténèbres qu'aucune ampoule ne venait plus jamais percer. La tristesse des nuits rongées par des spéculations infinies et muettes quand l'inquiétude remontait crever à la surface des rêves. C'était la tristesse encore de tous ceux qui avaient le sentiment d'avoir été écartés du monde des vivants, la tristesse de trois cent mille otages dont le regard ne portait plus jamais au-delà des murailles invisibles de leur ville — Sarajevo, Sarajevo — devenue leur prison et bientôt leur cimetière. La tristesse de tout un peuple condamné à vivre avec son fardeau de souvenirs horribles. Cette tristesse était aussi réelle que la neige qui recouvrait les maisons, les rues et les parcs de la ville, une neige blanche, décrassée par le gel et par la guerre, incroyablement scintillante et qui ressemblait, disaient les vieux Sarajeviens, à la neige des hivers d'antan. Cette tristesse de toute une ville me faisait penser à celle des condamnés à mort qui tournent en rond dans leur cellule en se demandant combien de jours encore avant la guillotine. Pourtant les Sarajeviens, bien malgré eux, en dépit de tout, ne pouvaient s'empêcher d'espérer. Espérer quoi ? Il y a en chacun de nous, me dit l'un d'eux, un malin qui affirme que ce serait bien si les Serbes recevaient aussi un petit obus de temps en temps. Ils maniaient l'ironie et la dérision pour se protéger à l'avance des déceptions dont ils ne voulaient plus souffrir. Et pourtant ce fut ainsi : insensiblement, jour après jour, fortifiée par l'incessante parade des avions occidentaux qui faisaient trembler les dernières vitres de la ville, une espérance déraisonnable grandit dans le cœur de chaque Sarajevien, brisant les liens (le doute, la suspicion, le nihilisme) qui auraient dû la contenir.

J'en ai rencontré des dupes et des imbéciles, comme nous, à Beyrouth, pendant le mois d'octobre 1990, sur l'ancienne route de Saïda quand un peuple vaillant au milieu du désastre, joyeux dans son malheur, qui rassemblait chrétiens et musulmans, un peuple coupé du monde, condamné à vivre sans essence, sans électricité, sans médicaments, sans téléphone, ce peuple rayonnant que nos démocraties riches, capricieuses, satisfaites, toujours craintives, feignaient d'ignorer, réclamait des élections libres que nous lui refusâmes. A Beyrouth comme à Sarajevo, le peuple tirait sa lumière des forces de la nuit. Il parlait benoîtement de résistance morale. Il croyait travailler à la victoire de l'agneau sur le loup.

*
**

Les Français, volontiers amateurs de discordes, ont souvent su se rassembler, et dominer leurs démons, pour donner une vocation à la France, dont ils savaient depuis longtemps qu'elle les « protégeait pour des destins qui les dépassaient ». Longtemps briseuse d'empires, la France avait su mêler, par ses frontières et ses provinces, son génie national à quelque chose du génie étranger. Michelet avait analysé cette diversité d'humeurs, « ces puissances diverses par quoi la France touche le monde ». Puis elle lança « en tempête » dans toute l'Europe quelques idées simples. Liberté, égalité, fraternité, droit à l'insurrection. On ne rêvait pas alors de peuples dominés, mais de peuples fraternels. Des poètes et des écrivains, un peu partout dans le monde, s'emparèrent de ce nouvel évangile. Pourtant Bernanos, de son exil brésilien en 1940, se refuse à considérer son pays, ce pays qui sait parler aux autres, comme un dieu ou comme une idole. Il écrit : « Si je pensais que mon pays dût mourir seul, je souhaiterais que, une dernière fois fidèle à sa tradition — la plus humaine d'Europe —, il mourût sans haine les yeux tournés vers l'avenir. » Il y eut en tout cas, et depuis fort longtemps, toujours des Français, des Allemands, des Egyptiens, des Marocains, des Indiens, des Chinois, des Argentins, des gens de toutes races, de toutes nationalités, de toutes religions et de toutes conditions, pour croire, je dis bien pour croire, encouragés par l'Histoire, la culture, leur raison et leurs sentiments, à l'existence d'un « pacte vingt fois séculaire entre la grandeur de la France et la liberté du monde ». En 1956, les insurgés de Budapest prêts de succomber chantèrent *La Marseillaise*. François Mauriac, la semaine suivante, fit écho dans son *Bloc-Notes* à ceux qui venaient de mourir en chantant : « France aimée des petits peuples asservis et dont l'hymne jaillit de leurs entrailles, aujourd'hui encore. »

Le feu s'est levé sur les rivages méditerranéens. Misère des peuples pris entre la pauvreté et les menaces d'un Dieu vengeur. Si Camus avait vécu, il serait assassiné, comme ses frères les écrivains arabes, tués en Egypte ou en Algérie. De quoi s'agit-il ? L'islam politique a déclaré la guerre à l'islam spirituel, religion des lumières, ouverte aux conduites « modernes », tolérante, proche parfois de la laïcité, et « riche en ressources juridiques », alors que le premier se nourrit d'excommunications et de rêves de *Djihad*. Notre pays est doublement concerné. La France appartient au monde méditerranéen, par sa géographie, par son histoire, par sa culture, et un grand nombre de musulmans vivent sur le territoire français. En 1989, j'ai passé une partie de l'automne à Beyrouth. C'était une grande époque d'insurrection morale. Les Libanais, hommes, femmes, enfants, étaient en état de révolte permanent contre les accords de Taef qui les livraient aux Syriens. Du matin au soir, dans les rues, dans les maisons, on ne parlait que de Taef, de la politique internationale, des milices. Les approches du palais présidentiel, à Baabda, ruiné par les bombes étaient méconnaissables. Partout des feux de camp, des drapeaux, des tentes. Une foule immense formait autour de ces ruines symboliques une sauvegarde mouvante. Les Libanais croyaient encore qu'ils ne seraient pas abandonnés par les démocraties et voulaient continuer à témoigner pour le monde entier d'un dialogue possible entre les religions du Livre. Le 30 octobre, dans son bunker, le général Michel Aoun écrivit devant moi une lettre secrète et personnelle à François Mitterrand qui fut remise à l'Elysée deux jours plus tard par un ancien ministre français. En voici un extrait :

« Monsieur le Président,

« Nous sommes tous, d'une certaine façon, des héritiers. Vous savez, comme moi, mieux que moi, quels liens nos peuples ont pu tisser par le passé. Mais nous sommes aussi, pourtant, sinon à quoi bon, responsables de nos actes, de nos engagements. Je suis né et j'ai grandi dans un village de la banlieue sud de Beyrouth. Nombre de mes camarades d'école étaient musulmans : j'étais chrétien. Les grandes occasions, mariage ou enterrement, nous réunissaient. Nous fréquentions d'un même cœur l'église et la mosquée. C'est cet héritage multiconfessionnel que l'on veut faire disparaître. C'est pour cette idée, pour sa souveraineté que je me bats. Une défaite, ici, maintenant, ne sera pas sans conséquences, chez vous, demain. J'ai lu la semaine dernière que trois tchadors bouleversaient la France. Une des grandes affaires de notre siècle finissant sera, à n'en pas douter, la confrontation entre l'islam et la chrétienté. Il y aura dialogue, ou pas. Accepter la défaite du Liban, c'est se priver d'une terre où ce dialogue a été depuis longtemps plus qu'une réalité quotidienne, une culture constitutive, une façon de se présenter devant le reste du monde. L'histoire sera un jour comptable de nos actes. Il est peu d'hommes aujourd'hui vers lesquels je puisse me tourner, parler et être entendu. Vous êtes le seul, parce que vous êtes français, parce que vous êtes un homme de culture et d'histoire, parce que vous avez en charge les intérêts de la France et que ceux-ci sont plus grands que les limites de l'hexagone. »

Cette lettre prophétique resta sans réponse.

Deux ans plus tard, le 1ᵉʳ septembre 1991, le Premier ministre libanais, vaincu, arrivait à Marseille, où il reçut un message de François Mitterrand, qui lui disait : « Le gouvernement de la France fera le nécessaire pour que vous soyez traité en hôte éminent et ami de la France. » Est-ce traiter un homme en ami de la France que de l'interdire de parole depuis trois ans, pour satisfaire aux exigences syriennes, ou le traiter en prisonnier d'Etat ?

Le 23 janvier 1983, François Mitterrand parlait à la tribune du Bundestag. Ce jour-là, les gros bataillons du pacifisme allemand défilaient dans les villes de la République fédérale en criant :

« Plutôt rouge que mort ! » Quelques mois plus tôt, l'Union soviétique avait décidé de déployer des missiles à trois têtes si les pourparlers américano-soviétiques de Genève n'aboutissaient pas dans les cinq années à venir. Les Américains avaient alors menacé d'installer des fusées Pershing dans la zone de l'OTAN. Le « syndrome finlandais », selon l'expression d'Alain Minc, menaçait de nombreuses opinions publiques occidentales. Les travaillistes anglais, les socialistes, les anciens gauchistes et futurs écologistes allemands se préparaient sans états d'âme à trouver toutes les excuses aux généraux de l'Armée rouge. Les Français, capables d'insouciance, n'avaient pas été atteints par ce débat stratégique. La plupart des grandes voix du répertoire politique, à l'exception de Jacques Chirac, avaient fait savoir qu'elles ne tenaient pas à ce que notre pays participe au débat pour préserver « sa position d'arbitre ».

Quand François Mitterrand monta d'un pas lent les marches de la tribune du Bundestag, il tenait à la main quarante feuillets d'un texte qui ne laissait aucune part à l'improvisation. Non sans créer une certaine surprise, le président français fit d'une voix ferme l'éloge de la dissuasion : « Les trente-huit années de paix que nous avons connues en Europe sont dues — faut-il dire heureusement, malheureusement — à la dissuasion. Certes, il est regrettable qu'elles ne soient dues qu'à cela, l'équilibre de la terreur... Mais tant qu'il en sera ainsi, tant que ne prévaudra pas l'organisation de la sécurité collective, comment pourrions-nous nous priver de ce moyen de prévenir un conflit ? » Quelques mois plus tard, François Mitterrand concluait son argumentation par une formule décisive : « Le pacifisme est à l'Ouest et les euro-missiles à l'Est. » Les Soviétiques n'allaient plus tarder à négocier.

L'année suivante, le mercredi 20 juin

1984, l'avion présidentiel français se posait à Moscou. Dans les pays occidentaux, des écrivains, des savants, des hommes politiques s'inquiétaient alors du sort réservé par les autorités communistes à Andreï Sakharov, prix Nobel de la paix 1975, assigné à résidence à Gorki, et qui venait de commencer une nouvelle grève de la faim pour obtenir que son épouse, Elena Bonner, puisse se faire soigner en Occident. Le soir même, un dîner réunissait les hiérarques soviétiques et la délégation française sous les ors de la grande salle à manger du Kremlin. A Moscou, tout commence toujours par un toast. Constantin Tchernenko, assis en face du président français, se lève et prononce, un verre à la main, les paroles d'usage exaltant l'amitié franco-soviétique. Applaudissements. C'est au tour de François Mitterrand de se lever. De sa bouche sortent quelques paroles convenues. Mais la chute de son intervention glace le sang de ses hôtes, peu habitués au vacarme de la vérité : « Toute entrave à la liberté pourrait remettre en cause les principes acceptés lors de notre conférence d'Helsinki. C'est pourquoi nous vous parlons parfois des cas de personnes dont certaines atteignent une dimension symbolique. [...] C'est le cas du professeur Sakharov, et de bien des inconnus, qui, dans tous les pays du monde, peuvent se réclamer des accords d'Helsinki. » La visite de François Mitterrand se poursuivit selon le programme prévu.

Ni à Bonn ni à Moscou, François Mitterrand n'avait utilisé des mots furtifs ou vagues. Décidé à ne pas refuser l'espérance aux opprimés du système soviétique et à ne pas céder au chantage de la terreur, il avait soutenu le regard des despotes du Kremlin, qui avaient baissé les yeux. Mitterrand, parlant au nom de notre pays, n'avait pas payé en fausse monnaie sa contribution aux exigences de la morale internationale.

Comme il n'avait pas craint de le souligner, il n'avait pas voulu « parler pour ne rien dire ».

*
**

J'avais rencontré quelques mois auparavant Alexandre Soljenitsyne dans son exil du Vermont. Au moment de le quitter, la nuit était déjà tombée sur la forêt qui entourait sa solitude, il m'avait dit : « L'homme ne connaît jamais son avenir, mais si jamais je peux vivre encore un peu, malgré tous les arguments de la logique, malgré la réalité épouvantable de l'Union soviétique et du monde d'aujourd'hui, j'ai la ferme conviction que je reviendrai moi vivant, et pas seulement mes livres, en Russie. Et je pense que je mourrai chez moi, dans mon pays. » Sans doute le romancier était-il le seul à oser imaginer la libération des peuples de l'Est. Personne n'avait prévu que le communisme retomberait comme un soufflé, même ceux qui, avec lui, contribuèrent à sa perte. Nommons-les, ils sont trois. Walesa d'abord. L'ouvrier des chantiers navals de Gdansk, avec ses amis de Solidarité, des ouvriers soulevés contre la dictature du prolétariat, lutta à mains nues contre les forces du néant. Puis le pape Jean-Paul II souffla sur les braises de la révolte polonaise et refusa au Kremlin les grâces habituelles de la diplomatie vaticane. Ronald Reagan, enfin, entama et gagna la partie de poker menteur de la guerre des étoiles. Mitterrand, par deux fois, s'était retrouvé à leurs côtés. En quelques mois, les régimes les plus totalitaires de l'Histoire s'écroulèrent.

*
**

La politique étrangère du président français sembla malheureusement se dissoudre au fur et à mesure que l'Histoire s'accélérait. C'est ainsi que l'on vit François Mitterrand, qui paraissait soudain regretter la tyrannie de l'ancien statu quo, successivement acharné à « aider Gorbatchev » sans rien exiger de lui quand il avait besoin de tout, puis soutenir Gorbatchev contre Eltsine à qui il fit réserver un accueil qui nous déshonorait plus qu'il ne l'humiliait au parlement de Strasbourg, puis lâcher Gorbatchev pour une poignée de généraux putschistes. Mitterrand se repentit de ce dernier faux pas en le faisant passer pour une « erreur de communication », avant d'organiser une comédie médiatique à Latche, pendant le sommet de Madrid, où le dirigeant russe fut convié à déclarer que François Mitterrand ne lui avait jamais manqué. Ces hésitations et ces volte-face culminèrent pendant les événements qui présidèrent à la réunification allemande. Alors même que des milliers de citoyens allemands manifestaient dans les villes d'Allemagne de l'Est leur haine du communisme en criant : « Nous sommes le peuple ! », François Mitterrand fit le voyage de Berlin-Est pour apporter son soutien au chef non élu, et communiste, d'un gouvernement qui était tellement de transition que tout le monde s'est dépêché d'oublier son nom : Hans Modrow. Après la chute du Mur, sourd à tous les conseils, refusant d'entendre ce qu'un historien socialiste allemand, familier de l'Elysée, était venu souffler dans l'oreille d'Hubert Védrine, le président français s'abstint de franchir la porte de Brandebourg aux côtés d'Helmut Kohl qui l'avait pourtant invité à l'accompagner fraternellement sous ce nouveau symbole de l'unité retrouvée. Imagine-t-on quel éclat aurait entouré ce passage à deux d'une ligne si longtemps maudite ? Et l'écho dans la population est-allemande de quelques phrases simples lui souhaitant la bienvenue dans la communauté européenne des hommes libres ? Imagine-t-on de Gaulle s'abstenant de faire entendre, en cette occasion unique et parée d'une singulière solennité, la voix de la France ?

Mitterrand, lui, est rentré chez lui, et, silencieusement, tenta de prendre les Allemands libres et réunifiés à revers par une alliance avec les Soviétiques qui échoua. Kohl, entre-temps, avait en effet négocié la souveraineté allemande auprès des Russes à coups de milliards de deutsche Mark, et reconnut unilatéralement la ligne Oder-Neisse, quand Mitterrand lui avait demandé qu'elle soit garantie par un traité international. L'écrivain allemand Peter Schneider qualifia l'attitude française de « moliéresque » et Christoph Bertram, dans *Die Zeit*, résuma l'opinion blessée des

Allemands : « François Mitterrand semble penser plus dans les termes de l'entre-deux-guerres que dans ceux de l'an 2000. […] Il a tendance à s'en tenir à l'ancien alors que l'époque demande un ordre nouveau. » François Mitterrand comprit très vite qu'il n'avait pas été à la hauteur des événements de l'Est. Dans l'avion qui l'emmenait vers le Pakistan au printemps 1990, il évoqua la question allemande, confiant ses agacements et ses amertumes : « Nous avons tous été pris de court par la rapidité de l'unification allemande. L'effondrement du mur de Berlin nous a surpris. Moi, bien sûr, mais Bush aussi. C'est la faute à Gorbatchev qui nous avait promis de freiner le processus de la réunification allemande. Il n'a rien empêché, au contraire. » La faute à Gorbatchev ?

Le président français crut tenir sa revanche avec la guerre du Golfe. Il ne réussit pourtant qu'à faire entrer la France dans ce conflit sur le char habituel de ses propres ambiguïtés. Souvenez-vous ! Rentré de vacances pour une conférence de presse donnée le 9 août, il précisa que si la France envoyait le *Clemenceau* vers le théâtre d'éventuelles opérations, elle n'entendait pas participer à la force multinationale proposée par M. Bush. A partir de cet instant, nous autres Français fûmes sans cesse en porte à faux. François Mitterrand et Roland Dumas avaient deux fers au feu. Nous nous rapprochâmes des Américains, mais Jean-Pierre Chevènement, le ministre des Armées, continuait à se déclarer hostile à la guerre. Les manigances élyséennes réussirent à irriter à la fois les Arabes et Israël. Le 24 septembre, le président français se démarqua une fois de plus de ses alliés. Parlant à

New York dans l'enceinte du bâtiment des Nations unies, alors que la communauté internationale avait exigé le retrait de l'Irak sans conditions du Koweit, François Mitterrand renoua avec l'un de ses vieux démons, l'embrouille : « Que l'Irak, dit-il, affirme son intention de retirer ses troupes, qu'il libère les otages, et tout devient possible ! » Après avoir tenté de négocier en solo avec Saddam Hussein, par l'intermédiaire de Roland Dumas, Edgar Pisani, Claude Cheysson et Michel Vauzelle, il récidiva en janvier 1991. Toutes ces petites manœuvres pour arriver à quoi ? A nous accrocher en remorque aveugle de la politique américaine ! Qui était pourtant à même de poser clairement à la face du monde la nouvelle question d'Orient, si ce n'est la France, signataire des accords Sykes-Picot, et liée depuis des siècles à l'histoire de cette région, et particulièrement du Liban ? Le Moyen-Orient était devenu manifestement trop étroit pour contenir à la fois une grande Syrie, un grand Israël, un grand Liban et un grand Irak. La France, membre du conseil de sécurité de l'ONU, disposant du droit de veto, aurait pu, dès le début de la crise du Golfe, défendre avec une certaine importance notre influence en Orient et la liberté menacée chez nos amis libanais. Michel Rocard parla d'ailleurs à cette époque de créer un « précédent positif ». Mais aucune des tentatives de François Mitterrand n'alla dans ce sens. L'Irak fut vaincu et la France refusée à la table des négociations.

C'est donc en toute impunité, et même avec notre accord tacite qu'au matin du 13 octobre 1990 l'armée d'Assad put entrer dans Beyrouth et faire de la majeure partie du Liban une province syrienne. Les méfaits du bourreau damascène étaient pourtant répertoriés depuis longtemps par toutes les ligues humanitaires du monde. Le manteau noir de la répression recouvrait déjà tous les villages de Syrie. Assad, si aimable avec l'ancien nazi Aloys Brunner, avait eu beau envoyer ses bulldozers raser les maisons de la vieille ville d'Hama, soulevée contre lui en 1982, et anéantir les souvenirs de poésie, de prière et de liberté attachés à ces murs anciens, personne n'avait oublié ni les cadavres brûlés, ni les charniers des dix mille victimes laissées sur le carreau par les brigades de Rifaat, son propre frère. A l'extérieur des frontières syriennes, et pas seulement au Liban, Assad tirait les ficelles de ses marionnettes terroristes. Il usait de la terreur par procuration. Il pataugeait dans le sang de ses victimes mais tendait aux regards faiblement soupçonneux de nos gouvernants des mains toujours blanches, nous menaçant de ses bombes pour infléchir le cours fragile de notre politique. Quand Assad prit possession du Liban et y installa ses hommes de paille, François Mitterrand ne dit mot. Le crime et le terrorisme avaient triomphé. La France feignait ne rien savoir. La démonstration était faite que notre démocratie pouvait être bafouée, et politiquement vaincue, par tout tyranneau résolu. Certains s'inquiétèrent devant le président français de l'abandon du Liban, qui était plus qu'un pays, une idée, un exemple de tolérance dans une région du monde trop souvent gouvernée par les fanatismes, et un poumon d'oxygène non seulement pour les chrétiens d'Orient mais aussi pour l'islam spirituel, menacé par Téhéran et Riyad. François Mitterrand haussa les épaules et soupira : « Que voulez-vous que j'y fasse, les Américains ne voulaient rien faire... »

La défaite ouvrait la voie de la défaite. Après le Drakkar, Beyrouth 1983, la cité Aïn Allah, Alger 1994. Au Liban comme en Algérie, des militaires français sont tombés, victimes d'actes de guerre. A l'ombre de ces massacres, ce sont aussi des femmes et des enfants qu'on assassine, parce qu'ils continuent de parler français, parce que notre langue reste pour eux, malgré nous, la seule patrie des droits de l'homme. Notre défaite est la leur. Après Alger, où ?

Pendant l'été 1992, le peuple libanais fut conduit aux urnes pour une mascarade électorale. La France, privée de réflexes élémentaires, renonça à demander l'envoi d'observateurs internationaux pour contrôler les bureaux de vote, surveillés par des chars syriens. Au même moment, la guerre faisait rage au cœur de l'Europe. Slobodan Milosevic terrorisait les populations de Croatie et de Bosnie. Les journaux chaque jour rapportaient les cris des suppliciés, des affamés, des torturés, des exilés. La volonté de « purification ethnique » des milices manipulées par l'Etat serbe, connue depuis des mois par les fonctionnaires de toutes les chancelleries, mais toujours niée ou tenue secrète, devenait une évidence que chacun se préparait déjà à oublier. Le président de la République et Roland Dumas, son ministre des Affaires étrangères, prirent-ils connaissance des rapports de Tadeusz Mazowiecki, l'ancien Premier ministre polonais ? Oui, naturellement. Mais tout se passait comme si la France, sans jamais l'avouer, avait déjà choisi son camp, le camp serbe. Epargnant en permanence Slobodan Milosevic, refusant de soutenir à Belgrade les démocrates serbes, entretenant volontairement la confusion autour de la question pourtant centrale des agresseurs et des agressés, la France n'attendait des Bosniaques rien d'autre que d'accepter la paix des vainqueurs. Pas n'importe quels vainqueurs : des vainqueurs qui tuaient, qui violaient et qui torturaient au nom de la pureté de leur sang, qui semaient la haine pour récolter la haine, et qui pendant deux ans étranglèrent aux yeux du monde la ville libre de Sarajevo, symbole de la résistance démocratique. Avons-nous entendu notre président dénoncer une seule fois l'état-major de la purification ethnique ? L'avons-nous entendu, lui l'Européen, proclamer que partout en Europe où un homme pactisait avec la haine raciste dans l'ancienne Yougoslavie, c'est l'Europe qu'il reniait ? Non, malheureusement. En revanche, nous l'avons entendu évoquer le rôle négatif de l'Allemagne dans la naissance du conflit, invoquer je ne sais quelle fatalité balkanique et Roland Dumas accuser sans rire l'Allemagne et le Vatican.

Il faut bien s'interroger sur les raisons de cette politique tellement silencieuse sur l'essentiel, incapable même de dire seulement le droit. Ecrasé par l'ombre du général de Gaulle, qu'il mit tant d'acharnement à combattre, François Mitterrand est depuis longtemps hanté par l'Histoire et surtout par la place qu'elle voudra bien réserver à son énigmatique destinée. A Berlin en 83 comme à Moscou en 84, notre président s'était relevé quand il avait senti sur sa nuque l'haleine chaude des événements qui se précipitaient. Mais il a été depuis cette époque victime de la fin de la guerre froide, des préjugés « progressistes » qui constituaient la devanture internationale de son fonds de commerce « socialiste » et enfin surtout victime de lui-même, de sa stupéfiante frivolité face à la montée des périls et de sa fascination jamais démentie pour la force. La dissolution du communisme le fit tomber de sa propre statue. La France a en effet bénéficié pendant toute la guerre froide d'une position inouïe en Europe. Il y avait alors une véritable exception politique et militaire française, puisque notre pays tirait de l'Allemagne divisée et convalescente une rente de situation que de Gaulle avait encore su faire prospérer en sortant de l'OTAN et en développant notre propre force de frappe atomique. La chute du mur de Berlin déshabilla notre pays de tous ses avantages. Personne, apparemment, n'avait envisagé la précarité de notre situation. Le président français, soudain inquiet de l'avenir, et des promesses que l'Allemagne pouvait se faire à elle-même, se retourna vers le passé. Il chercha un réconfort dans le souvenir de très vieilles amitiés, l'alliance franco-russe, puis l'alliance franco-serbe. Tout faire, pensait-il, pour se dégager des étreintes étouffantes de notre voisin allemand. Milosevic comprit trop vite que tout lui serait peut-être pardonné.

Et Kohl ne put s'empêcher de penser que le temps du soupçon était revenu. L'Europe, dont Mitterrand se faisait l'inlassable et ennuyeux avocat, était décidément mal partie. Le défilé de l'Eurocorps sur les Champs-Elysées, dans ces conditions, n'est qu'un baume douteux jeté sur les plaies d'une Europe malade.

En Orient, et au Maghreb, c'est une variante du vieux tiers-mondisme, l' « islamo-progressisme », qui gouverna au choix de notre politique étrangère. Etrange spectacle qui se joue sur une des scènes centrales de notre influence : nous pûmes voir François Mitterrand et tous les hommes de son cabinet noir successivement énamourés d'Assad et de Kadhafi, et soutenant sans trêve les « socialistes algériens », qui ruinaient leur peuple, leur pays et préparaient le terrain à l'islam politique et au *Djihad.* Notre président, dans le même temps, prenait ses distances avec tous ceux qui, à Rabat comme à Beyrouth, revendiquaient leur attachement à la France et plaidaient pour la diversité et la liberté du monde arabe, sous prétexte de fidélité aux vieilles lunes du progressisme international. Cet attachement n'était pas nouveau. Il avait été l'une des clefs de la mise en scène iniatique de la fameuse cérémonie du Panthéon. François Mitterrand, piéton à la rose, s'était approché du tombeau des grands hommes, escorté d'un cortège de gloires, figures symboliques d'une promesse évanouie — la révolution — et dont les talents avaient servi la cause de peuples humiliés. La littérature, et la meilleure, puisque Gabriel Garcia Marquez lui-même était venu de La Havane, communiait avec la politique. Mais où étaient les dissidents chinois, russes, tchèques ou hongrois ? Où étaient les intellectuels et les ouvriers de Solidarité ? Vaclav Havel ? Lech Walesa ? Geremek ? Et les boat people ? Et qui parlait pour eux ? Le président progressiste avait oublié la moitié des damnés de la terre.

Face à la guerre et au terrorisme, François Mitterrand a commencé par courber l'échine. Il est aisé de comprendre ce premier réflexe. Les démocraties haïssent la brutalité, la force ouverte, le crime. Elles font confiance à la raison, à la négociation, à l'intelligence. Mais si le crime s'entête, elles sont — c'est une question de survie — condamnées à le combattre. Or Assad dans un premier temps, et Milosevic ensuite, ont eu, par leurs menaces et leurs imprécations, pour effet de décomposer toute expression de notre volonté. L'un s'en prenait à nos amis, à nos professeurs, à nos intérêts, à notre influence, à notre image de nation protectrice et éclairée. Faisait-il assassiner nos soldats, commanditait-il des attentats dans les rues de Paris, nous fermions les yeux, nous regardions ailleurs. L'autre menaçait-il d'embraser toute l'Europe avec ses massacres ? Nous étions tout à coup frappés d'amnésie, oublieux des ravages de la peste brune. La France fit même de l'un et de l'autre des sortes de surhommes dont elle se plut à exagérer la puissance, de façon tout à fait fantasmatique, comme pour se faire pardonner sa paralysie. Assad devint ainsi le « Bismarck de l'Orient » et Milosevic le chef d'une armée « qui avait jadis tenu tête aux divisions nazies ». Nous en étions ainsi réduits, devant tant de force supposée, à nous incliner, la tête basse, quelles que soient les offenses. Rappelons pourtant qu'à deux reprises au moins ces offenses piétinèrent notre honneur. La première fois, ce fut quand Afez al-Assad fit assassiner notre ambassadeur au Liban, Louis Delamare, et la seconde quand les milices serbes exécutèrent un vice-président bosniaque placé sous la protection de nos soldats, dans un véhicule battant pavillon français. Tout se passa finalement comme si nous étions devenus impatients devant les épreuves non seulement de fuir nos responsabilités, mais de les déléguer à nos agresseurs et aux fauteurs de guerre, qui pouvaient ainsi prétendre ramener la paix dans les pays qu'ils venaient de soumettre par le feu et le sang. Il y a une morale à cette histoire diplomatique, brossée à grands traits : l'homme d'Etat qui ne croit en rien se condamne à prendre tout à la venvole. Il se soumet à la seule loi des faits. Privé des principes qui seuls peuvent soutenir une volonté ferme et durable, il devient incapable de choisir, et donc dans les situations qui nous préoccupent de faire vivre les idées — les plus humaines d'Europe — qui demeurent pour la communauté des nations le symbole de notre pays.

Après mon dernier séjour à Sarajevo, j'étais rentré chez moi. J'avais retrouvé le confort de l'électricité, je n'avais plus besoin d'approcher une bougie d'un miroir pour me raser, je m'étais réhabitué à voir l'eau couler des robinets dans la salle de bains. J'avais revu quelques amis, j'avais travaillé, j'avais regardé le journal télévisé de vingt heures, j'avais lu des journaux et des livres, j'avais repris ce qu'on appelle une vie normale, tout à fait normale si ce n'était cette tunique d'invisible poussière qui collait à ma peau et à mes vêtements. Cette étrange camisole avait le pouvoir d'écarter le monde autour de moi et de rendre mes propos incompréhensibles ou incongrus, bizarres. Elle me gênait mais je n'étais pas pressé de m'en débarrasser. Je savais qu'elle s'en irait toute seule, comme une peau morte. Ce vêtement, porté par tous ceux qui continuaient de vivre à Sarajevo, était taillé dans le drap à la trame usée du désespoir et des illusions perdues. A Sarajevo, on l'endossait sans s'en rendre compte. Rentré à Paris, on le quittait de la même façon. Sa disparition était le signe du retour au monde de l'oubli et de l'indifférence.

L'indifférence française culmina pendant la Seconde Guerre mondiale. Il y avait alors à Paris des Allemands qui divisaient l'humanité en surhommes et en sous-hommes, et des Français pour leur donner la main, tout en pensant peut-être continuer à vivre honorablement, et leur livrer d'autres Français. Il suffit de regarder des photos de cette époque pour prendre la mesure de cette effrayante réalité. J'en ai quelques-unes devant moi. Je vois Laval devant un micro, les yeux baissés sur le texte d'un discours, entre deux officiers allemands, dans la gare de Compiègne, d'où partirent les deux premiers convois pour Auschwitz. Sur un autre document, René Bousquet, serré dans un élégant manteau à col de fourrure, une cigarette à la main, sourit au photographe à côté d'un SS qui lui aussi le regarde en riant. La photographie a été prise à Marseille en 1943, pendant une rafle. La légende d'une troisième est rédigée en termes laconiques : « Uniformes français et allemands unis dans la lutte commune contre la population juive. » Je ne suis pas sans savoir qu'il y eut des Français pour sauver leurs compatriotes juifs des mains de leurs bourreaux — et je m'insurge quand on l'oublie —, mais je sais aussi que nous ne sommes pas guéris des flétrissures que nous infligea l'histoire de ces années noires et torturées. La France avait pensé pouvoir enjamber la guerre de 40 et la collaboration comme elle avait enjambé d'autres défaites. Mais Pétain n'était pas seulement Bazaine, cet autre maréchal d'une armée morte, c'était le chef de l'Etat qui livrait des hommes à la Gestapo parce qu'ils étaient juifs, un chef d'Etat aimé par son peuple au demeurant, qui ne vit jamais grande misère dans la disparition d'un certain nombre des siens. C'est ainsi que les 16 et 17 juillet 1942, par temps clair, à une époque de l'année où l'on vivait fenêtres ouvertes, à la terrasse des cafés, dans la rue, dans les cours d'immeuble, dans la fraîcheur des squares, treize mille juifs ont été arrêtés, en plein jour, par la police française sans provoquer d'émeute ou de mouvement de révolte, seulement un peu de compassion, surtout pour les enfants, et sans même qu'un seul photographe ne pense à prendre un cliché de cette arrestation massive. Les Français ont cru que la Libération tournait définitivement cette sinistre page de leur histoire. Ils renvoyèrent de Gaulle, coryphée d'une Résistance qu'il avait proprement inventée, à ses livres, à ses songeries, à son désert. « Nous sommes faits de la même étoffe que nos songes et notre petite vie, en somme, la parachève », dit Prospero dans *La Tempête*. *(We are such stuff / As dreams are made on, and our little life / Is rounded with a sleep.)* Ils décidèrent d'étrécir l'horizon de leurs songes à venir, et s'en retournèrent à leur nonchaloir, à leurs conciliabules, à leur cynisme et à leur frivolité, comme s'il ne s'était rien passé, comme s'ils avaient déjà oublié qu'il n'y a jamais de victoire.

Je me souviens du début des années 80. J'étais parti pour Cracovie. C'était l'hiver et l'état de siège pesait sur la ville.

Les unités spéciales de la police stationnaient devant la halle aux draps, sur le Rynek Glowny, près de la cathédrale. Cracovie me rappelait Vienne, ses rues larges et aérées, ses façades roses ou jaunes, et les ramoneurs du café Mozart. J'avais pris un verre de tokay, le vin préféré de Mozart justement, dans un vieux café vide qui avait gardé son décor d'autrefois : parquet d'amarante, miroir de Bohême, boiseries peintes, fauteuils de velours. Je voyais par la fenêtre des passants et des soldats, toujours par trois, se croiser sans se regarder. Cracovie ne ressemblait plus à Vienne, ni à Venise, ni à aucune autre ville où l'on pouvait respirer et parler librement, et la vie s'y cachait dans des appartements ou des hommes et des femmes se retrouvaient pour rire et refuser d'obéir à leurs maîtres. J'avais quitté Cracovie pour l'immense et lugubre Nowa Huta, dont les rues, le jour où j'y suis allé, n'appartenaient qu'aux véhicules de l'armée et de la police. Aux croisements des grands axes, des miliciens, serrés en grappe autour de braseros, ivres morts, étaient affalés sur leur mitraillette. J'avais rencontré, dans un petit appartement, des hommes qui m'avaient parlé de ce que nous pouvions faire, en France et ailleurs pour les aider : « Nous sommes européens, disaient-ils, et profondément choqués de notre pénurie. Nous avons l'impression d'avoir été brusquement transformés en une énorme tribu primitive australienne, mais nous tenons car nous savons que nous ne sommes pas seuls. » Moins de dix ans plus tard, Cracovie, Budapest, Leipzig, Berlin fêtaient leur printemps en automne. Le communisme était mort, mais la joie de s'en être libéré retomba vite. C'est René Char qui a écrit : « La lumière est toujours fugitive. » René Char, fils d'un administrateur délégué aux Plâtrières du Vaucluse, lui-même fils d'un enfant abandonné à Avignon, Magne Char, dit

Charlemagne, poète du courage et de la compassion, capitaine Durance dans la Résistance, « au moment où les monstres piétinent sur une terre sans sourire », professeur de pessimisme, et qui, lassé « du spectacle d'une poignée de petits fauves réclamant la curée d'un gibier qu'ils n'avaient pas chassé » et de la résurrection « sans gêne des miliciens de la veille », était rentré pour ne plus guère en sortir, après la Libération, dans sa maison des Busclats, près de L'Isle-sur-la-Sorgue, accrochée, si ma mémoire est bonne, à une très douce colline de vignes et d'arbres fruitiers, entre le mont Ventoux, « miroir des aigles », et les monts du Vaucluse, et dont les fenêtres s'ouvraient sur un paysage extrêmement civilisé, que ses yeux pouvaient caresser, où le marquis de Sade trouva son enfer, Albert Camus son éternité, et que dominait l'à-pic carminé des falaises de Roussillon. « Partisan, après l'incendie, d'effacer les traces et de murer le labyrinthe », il continua de prier ses dieux qui n'existaient pas : « Gardez-nous la révolte, l'éclair, l'accord illusoire, un rire pour le trophée glissé des mains, même l'entier et long fardeau qui nous succède, dont la difficulté nous mène à une révolte nouvelle. Gardez-nous la primevère et le destin. » Je me souviens qu'au début des années 80 il y avait des dizaines de milliers de Parisiens dans la rue pour crier leur solidarité aux résistants de Solidarité.

Je me suis souvent demandé ce qui avait pu inciter François Mitterrand à rencontrer certains monstres du monde moderne, toujours prêts à cracher par terre à la simple évocation du nom de la France, peu susceptibles d'abdiquer le crime, quand aucune obligation politique ne l'y contraignait et qu'au contraire il était raisonnablement raisonnable d'attendre de lui qu'il ne leur manifeste que défiance et mépris. C'est ainsi qu'il passa quelques heures en conversation à l'Astir-Palace, un hôtel en surplomb de la baie d'Elounda, en Crète, le 15 novembre 1984, avec le colonel Muammar al-Kadhafi, fameux par ses poses de belluaire, ses imprécations de tranche-montagne, mais aussi, hélas, par le sang qu'il avait fait répandre. A l'heure même de ce rendez-vous, les Libyens, qui avaient jeté leur dévolu sur le Tchad, bafouaient un accord signé avec la France à l'encre à peine séchée, leur imposant de reculer leurs troupes au nord du 16e parallèle. Cette journée d'échanges informels, comme il est écrit dans les communiqués, sous l'œil de la garde personnelle du Libyen, des jeunes femmes « aux yeux de braise », selon Michel Charasse, portant treillis, et la kalachnikov à la bretelle, eut pour conséquence de froisser nos alliés et de jeter un peu de ridicule sur notre diplomatie et notre armée. Alors, pourquoi ? L'entourage du président, en mal d'explications, risqua une hypothèse : « Quand il sent qu'il risque de passer à côté d'un personnage de son temps, il ne s'interdit rien. » Et le président avoua lui-même un peu plus tard en confidence : « Je voulais voir à quoi pouvait bien ressembler un renard du désert. » François Mitterrand était donc parti pour la Crète chercher un nouveau personnage pour le roman de sa vie. Est-il possible de se montrer plus frivole ?

Cet homme qui ne s'interdit rien est un libertin du pouvoir. Nihiliste dans l'âme, tout à son plaisir de régner, de plaire ou de déplaire à son heure, de faire ou de défaire, de jouir de son importance, du temps, de l'action, et de l'entier spectacle du monde, des hommes comme des monstres, il a toujours entendu se réserver le droit de voir qui il voulait et quand il voulait, selon son bon plaisir. Chacun a le loisir d'ironiser sur l'importance qu'il faut donner à cette rencontre Mitterrand-Kadhafi, dix ans plus tard, quand l'influence néfaste du colonel Kadhafi, dont le caquet fut rabattu, pour un temps du moins, je me permets de le rappeler, par quelques bombes américaines, semble déclinante. Chacun a le loisir d'y voir au contraire une marque royale, le sceau d'une adamantine liberté, liberté d'esprit et de manœuvre, pleine et entière, absolue, inentamable, propre à un homme idéalement, viscéralement rebelle à toute règle qui risquerait de l'obliger. Je pourrais l'admettre, difficilement, mais je le pourrais. C'est malheureusement, et cela il faut bien le savoir, cette même audacieuse liberté qui a permis à François Mitterrand de faire soutenir par sa formation politique, l'UDSR, les ambitions de René Bousquet, candidat aux législatives à Reims, troisième circonscription de la Marne, en 1958, puis d'accepter que René Bousquet, homme influent à *La Dépêche du Midi*, lui rendît la pareille quand il était lui-même candidat à l'élection présidentielle en 1965, et cela, non vraiment, je ne peux souffrir de le comprendre, et non plus cette fréquentation jamais discontinuée entre les deux hommes, de la Libération jusqu'en 1980, et même après, puisqu'il apparaît que, devenu président, François Mitterrand rencontra encore une fois René Bousquet, secrétaire général de la police pendant l'Occupation, répondant même à ceux qui s'en montraient troublés autour de lui : « Ne vous inquiétez pas, c'est un ami ; il a rendu des services. »

*
**

Il faut reparler du 14 juillet, des 14 juillet même, des deux derniers en tout cas, 1993 et 1994, et de la traditionnelle garden-party à l'Elysée dont le héros ne fut pas l'un des militaires qui venaient de donner aux téléspectateurs une parade réussie leur rappelant leur passé d'aventures, ce ne fut pas non plus l'un des généraux commandant les troupes françaises en Bosnie ou au Rwanda, ni un médecin pionnier de la lutte contre le sida, ni un grand physicien, il y a belle lurette que la République n'a plus besoin de savants, ni un poète, ni Marguerite Duras, ni même le prince Mourousi ou le regretté Serge Gainsbourg, choyés tous les deux en d'autres étés, mais un homme connu pour vivre dans le grand arroi de l'argent qu'il n'avait jamais gagné, menant un train d'émir, mais payant moins d'impôts qu'une vendeuse de clous au BHV, un parasite charnu, sept fois mis en examen pour fraude fiscale et abus de bien sociaux, subornation de témoins, complicité de corruption, faux et usage de faux, un homme au sourire entier, doué d'un grand charme et à l'énergie solaire, *just a hoodlum*, « seulement un gangster », écrivait alors plus sobrement la presse anglaise, et qui n'avait pas tort de se considérer comme le fils spirituel de François Mitterrand, puisque le président saisissait, par deux fois, la date la plus symbolique de notre calendrier pour le replacer d'autorité, le jour du 14 juillet 1993, dans la lumière de sa propre respectabilité de président français, et d'autre part, le jour du 14 juillet 1994, le dernier passé dans l'exercice de ses fonctions de premier magistrat de

France, pour le présenter personnellement à Jacques Delors, dans l'intimité d'un salon de l'Elysée, dernier signe, ultime et paternelle recommandation envoyée aux Français et à d'éventuels successeurs à l'occasion de ce qui était déjà l'une des premières cérémonies des adieux.

François Mitterrand, Bernard Tapie, étrange histoire d'une mutuelle fascination. Peut-être vous souvenez-vous que les vieux idéalistes du PSA, refusant l'entrée de Mitterrand dans leur petite et noble formation, avaient déclaré : « Pas d'aventurier chez nous ! » Mitterrand en fut blessé parce qu'il s'était senti deviné. Il fit payer plus tard sa lucidité à Alain Savary, mort dans la solitude après avoir quitté le gouvernement. Le président imposa d'ailleurs sa présence aux obsèques de son ancien ministre, le 23 février 1988. C'était sa manière de marquer définitivement sa prééminence, dans un geste de pardon, devant la brume de la mort, qui toujours adoucit la vérité des choses. Il me vient à l'esprit que François Mitterrand pressentit à son tour, écoutant ce que les uns et les autres pouvaient lui raconter de Bernard Tapie, puis après l'avoir rencontré et s'en être fait son idée, que ce personnage inattendu et pittoresque, entré sans frapper dans le grand mentir-vrai de sa vie, était à sa manière un autre lui-même. Bien sûr, le roman de leurs origines ne racontait pas la même histoire. L'un était un bourgeois-paysan, descendant d'anciens prévôts de Bourges, avec un fond lointain de petite noblesse de province, et l'autre un fils du peuple. Le premier était un sang froid, cultivé, un maître de patience. Le sang du second bouillonnait : c'était un animal d'impatience. Mais ils avaient en commun le même mépris, plus ou moins avoué, des gens convenables, les mêmes incroyances, la même arrogance amoureuse des pires périls, le même goût de plaire et de dominer. Mitterrand pensa que Tapie était un aventurier moderne, qui le distrairait du petit Fabius, du triste Rocard et du vertueux Jospin. Il le gâta comme il ne le fut jamais lui-même, lui donna la clef d'une banque et facilita son ascension. Il voyait déjà, suspendu en devanture de la maison France, un grand écriteau : Mitterrand-Tapie, aventuriers père et fils. Cette image lui plaisait. Il n'y voyait plus de socialistes.

François Mitterrand avait mis flamberge au vent pour Bernard Tapie. Ce qu'il défendait alors, c'était plus qu'un manipule distrayant, c'était le règne de l'argent, ce bel argent qu'avec son impudence et sa liberté habituelles il n'en continuait pas moins de dénoncer, surtout quand il s'agissait d' « argent gagné en dormant ». L'argent sous Mitterrand en effet envahit tout, et surtout l'Etat. Qu'on me permette de ne pas refaire ici le lassant inventaire, par le détail, affaire par affaire, des exactions commises pendant toutes ces années : péculat, corruption, enrichissement personnel, trafics d'influence, délits d'initiés. Je citerai simplement un court extrait du rapport de la commission d'enquête sur le Crédit lyonnais :

« Il semble à votre rapporteur [...] que les responsables d'une banque publique, propriété de la Nation, ont à faire preuve d'exemplarité déontologique et à mobiliser leur personnel autour du respect scrupuleux des règles professionnelles, de la lutte contre la corruption et le blanchiment de l'argent sale. Car l'altération de ces principes dans une banque publique rejaillit sur la réputation de l'Etat. [...] Certaines déconvenues d'une ampleur spécifique au Crédit lyonnais trouvent leur origine dans la promiscuité étonnante de la banque avec des opérateurs de moralité douteuse, connus comme tels sur les places financières et dans le monde judiciaire avant même leur entrée en relation avec le Crédit lyonnais. Certains méritent à n'en pas douter, de l'aveu même des responsables de la banque, le qualificatif d'escroc. [...] L'état-major de la banque, tout à sa volonté de découvrir de nouveaux talents — ce dont on ne saurait le blâmer, bien au contraire —, en était venu à oublier que le slogan " le pouvoir de dire oui " et les guichets largement ouverts séduisaient aussi les *aventuriers* » (c'est moi qui souligne. D. R.).

Chacun s'inventa des martingales infaillibles. Une imagination sans retenue s'empara du ministère du Budget, vieille citadelle de la rigueur républicaine. Des hommes de quarante ans, fatigués du peu d'attrait du service de l'Etat, atteints par la frénésie de *gagner*, reprirent, à leur compte, à leur façon, la vieille antienne des murs de Paris, Nous voulons tout. Ils se servirent. Dans l'entourage présidentiel, on jouait volontiers au Monopoly du marché mondial. Le vieil ami de stalag, le soldat, le généreux compagnon des flâneries chez les libraires d'ancien, n'en revenait pas. Et pourquoi se priver en effet, puisque le gardien du sceau républicain, François Mitterrand lui-même, toujours dévoré par un pessimisme qui relativise tout, et décidément bien frivole, ne sembla jamais s'émouvoir de l'érosion rapide de l'Etat de droit. Il se débrouilla même pour le faire savoir, donnant ainsi à penser aux âmes tentées d'accéder rapidement au royaume de l'argent qu'elles seraient, avec un peu de chance, couvertes par une immunité présidentielle non écrite et élargie à tous les gens de sa maison. François Mitterrand montra ainsi qu'il avait lui aussi « le pouvoir de dire oui ». Réflexes et habitudes s'écroulèrent. La machine s'emballa. Et c'est vrai que notre président montra toujours une grande mansuétude pour ceux qui transgressaient les lois, les tabous, et les bonnes manières républicaines. Ce fut sa façon d'être moderne. Il se plut à récompenser ceux qui étaient particulièrement indignes d'être honorés par la Nation : gendarmes ou préfets employés à des opérations de basse police, au mépris des lois, ministres ou citoyens douteux. C'est ainsi que le docteur Garretta, après la plainte en justice des hémophiles et le début du scandale du sang contaminé, fut retenu par le président à titre exceptionnel, sur sa réserve de croix, pour la promotion de la Légion d'honneur du 14 juillet. Il faudrait écrire une histoire politique des 14 juillet sous les deux septennats de François Mitterrand.

Je pourrais m'en tenir là, et me contenter d'écrire, en guise de conclusion : voilà un homme, sorti du brouillard, par un très lent chemin, ayant longtemps marché entre les halliers d'épineux, sous des pluies amères. Il s'est emparé du pays par surprise, quand on ne l'attendait plus, et l'a pétri à sa convenance, pendant quatorze ans. C'est long, quatorze ans, c'est très long, c'est très long, même à l'échelle de l'histoire d'un pays ; c'est le temps qui s'est écoulé entre le moment où nos enfants entraient dans ce qu'on appelle, un peu légèrement, l'âge de raison, et celui de l'âge d'homme où ils pénètrent maintenant. François Mitterrand le sait, et ne s'est pas privé de le dire, avec son ironie intérieure, le 14 juillet : « Ils n'auront jamais connu que moi. » J'y avais pensé depuis longtemps, qu'ils n'auraient jamais connu que lui, et je le regrettais. Qu'en penseront-ils, plus tard ou demain matin, quand ils nous demanderont des comptes d'hoirie ? Et que dirait mon père s'il revenait ? Il poserait tout autour de lui un regard de faïence bleue et ne reconnaîtrait rien, comme peut-être un homme au retour d'un très long exil, comme le personnage de ce roman, écrit par un ami d'aujourd'hui et des jours anciens : « Je comprenais peu à peu, mais de façon indubitable, que tout cela était fini, qu'il n'était plus question d'histoire, ni de morale, ni même sérieusement, à vrai dire, de politique : que ces vieilleries nous dataient plus sûrement que nos cheveux grisonnants » (Olivier Rolin). Je dirais que cet homme qui s'est toujours arrangé avec tout s'est arrangé avec les affaires de la France, qu'il s'est employé peu à peu à faire sortir de son histoire, et de l'Histoire, parce qu'il savait que, sur ce chapitre-là, il ne pouvait rivaliser ni avec de Gaulle, ni même avec Blum, ni même avec Jaurès. Il a fait de notre pays une nation frivole, à nouveau « mutine et divisée de courage », lui reprochant de fourgonner encore des espérances exagérées, sachant pourtant que rien ne s'est jamais fait de grand, comme le disait Renan, sans espérances exagérées.

Et je dirais aussi que tout ceci risque de mal finir, dans les gros bouillons de populisme. Au palais de la présidence, cela commence à se savoir que le temps de l'allégresse est passé. Le prince, entré

« dans un combat honorable », se console en pensant qu'il n'aura pas de successeur de sa lignée. Il a demandé à Michel Charasse de diriger les travaux, au musée de la Gauche et de ses Idéaux, qui permettront de recevoir sa statue. Mais il arrive que la nuit, à pas lents, effrayant les convives qu'un conseiller reçoit pour un médianoche dans son appartement dont les fenêtres étroites donnent sur la place Beauvau, viennent rôder les souvenirs des amis disparus. C'est curieux les souvenirs. On prétend qu'ils entrent par la porte d'honneur, rue du faubourg Saint-Honoré, comme de grandes personnes, qu'ils traversent le hall, vide et silencieux, puis la salle des fêtes, noyée d'ombres, qu'ils se perdent dans les étages. Quelqu'un les aurait entendus rire dans les couloirs des soupentes. Amis parfois délaissés, conduits à la faute, puis pleurés uniment, quand la mort les emportait, et qui ont payé cher, bien trop cher, leurs fautes d'argent. A leurs rires, depuis quelques semaines, fait écho la grande plainte funèbre de l'Afrique agonisante, dont je n'ai pas parlé, mais dont je devine, quand on me signale, aux Comores comme au Rwanda, les traces de deux hommes dangereux, l'un s'appelle le capitaine Barril, et l'autre, on l'appelle Papa-m'a-dit — fils de notre président —, que la vérité restée dans des placards ne sera pas belle. Le murmure des plaintes africaines se mêle aux lamentations des familles des hémophiles, victimes d'un scandale où le cynisme, la trivialité, la bêtise, l'irresponsabilité, et je ne parle pas ici de Laurent Fabius, qui lui a eu le courage de prendre sa part de responsabilité, et la vulgarité s'étaient conjugués pour commettre ce que certains ont appelé un « crime de sang ».

Je pourrais conclure en ajoutant seulement qu'il n'est pas étonnant que notre pays ne sache plus parler aux autres pays, à personne en fait, pas même à ses banlieues, livrées à la surenchère du désespoir, depuis qu'elles ont perdu leurs usines, rayées de nos cartes par le marché mondial, banlieues-cercueil, puisque le peuple est mort lui aussi, enterré sous les grandes dalles des parkings de supermarchés et qu'il n'y a plus que des sondés, des téléspectateurs, des sans-domicile-fixe, des RMIstes, des consommateurs et des cas sociaux. Oui, je pourrais dire cela, voilà la France de François Mitterrand, et puis je partirais peut-être pour Kigali dans un Antonov loué par le ministère des Armées.

Mais soyons sincères, comme dirait Edouard Balladur, qui sait aussi se taire. La politique de François Mitterrand, à l'intérieur comme à l'extérieur, a été entourée d'un pesant pacte du silence, poignante *omerta*, qui précéda, et de loin, la deuxième cohabitation. On peut penser que le président a proprement mitterrandisé les hommes et les femmes chargés de parler pour nous. Et d'une certaine façon, c'est vrai. On a pu tous, presque tous, « ces demi-habiles », les entendre répéter le *credo* sans foi de l'Elysée, user des mêmes mots, des mêmes palinodies, de la même intelligence de couloir, des mêmes ficelles, sans son talent de charmeur de serpents, comme si le président avait réussi à compromettre l'esprit et la volonté de ceux qui, à droite comme à gauche, avaient un instant envisagé de le combattre, et même de lui succéder. Les uns prétendent qu'il faut rester convenable et attendre doucement la fin d'une époque, changer, un peu, pour que rien ne change. Les autres, reprenant la vieille chanson, *Ne pas désespérer Billancourt*, affirment qu'il ne faut pas dire la vérité de ces deux septennats pour ne pas ruiner la gauche, comme si le pire n'était pas là, comme s'il était possible de fonder l'avenir sur un mensonge. Allons, le vin est tiré, buvons ! Et admettons aussi une triste évidence. François Mitterrand, l'homme le plus adulé de France après avoir été le plus méprisé, n'a pas seulement fait la France à son image, mais il a été son miroir. Nul ne se révolte devant la glace qui renvoie son image. On tourne la tête, peut-être, et c'est tout. Seuls quelques solitaires et quelques magistrats ont refusé de se reconnaître dans ce sépulcre blanchi. Je dirai donc que cette aboulie, ce goût pour la curée, cette tentation de l'oubli, ces dérobades devant l'Histoire, cette soumission devant la puissance et les lieux communs du moment, tous signes d'une crise intellectuelle et morale, ne sont pas, comme certains voudraient nous le faire croire, les apanages d'une élite seulement préoccupée de se survivre, mais qu'ils dessinent le visage d'un pays qui marcherait avec insouciance au-devant de sa propre fin. Parents, dites-moi pourquoi votre jeunesse est muette ?

BIBLIOGRAPHIE

Josette ALIA, Christine CLERC, *La Guerre du président*, Orban.

Assemblée nationale, *Rapport de la commission d'enquête sur le Crédit lyonnais*.

René CHAR, *Œuvres complètes*, « La Pléiade », Gallimard.

Jean DANIEL, *Les Religions d'un président*, Grasset.

Stéphane DENIS, *L'Amoraliste*, Fayard.

Christiane DUPOUY, *René Char*, Les Dossiers Belfond.

Pierre FAVIER, Michel MARTIN-ROLAND, *La Décennie Mitterrand*, Le Seuil.

Marc FUMAROLI, *La Diplomatie de l'esprit*, Hermann.

Franz-Olivier GIESBERT, *François Mitterand ou la Tentation de l'histoire*, Le Seuil.

— *Le Président*, Le Seuil.

André GLUCKSMANN, *La Fêlure du monde*, Flammarion.

Jean GUISNEL, *Charles Hernu ou la République au cœur*, Fayard.

Serge KLARSFELD, *Vichy Auschwitz*, Fayard.

Jacques JULLIARD, *Ce fascisme qui vient*, Le Seuil.

Guy LARDREAU et Christian JAMBET, *L'Ange*, Grasset.

Bernard-Henri LÉVY, *Bosna*, La Fnac.

Herbert R. LOTTMAN, *Pétain*, Le Seuil.

Gilles MARTINET, *Cassandre et les tueurs*, Grasset, cinquante ans d'une histoire française.

François MAURIAC, *Bloc-Notes*, tome I, 1952-1957, « Points », Le Seuil.

— *L'Imitation des Bourreaux de Jésus-Christ*, présentation par Jean Lacouture et Alain de La Morandais, Desclée de Brouwer.

Jean-Claude MILNER, *L'Archéologie d'un échec, 1950-1993*, Le Seuil.

François MITTERRAND, *Ici et maintenant*, Fayard.

— *La Paille et le Grain*, Flammarion.

— *Ma part de vérité*, dialogue avec Alain Duhamel, Fayard.

Mitterrand et nous

— *Le Coup d'Etat permanent*, 10/18.
Catherine NAY, *Le Rouge et le Noir*, Grasset.
Charles PÉGUY, *Notre jeunesse*, Gallimard.
— *Notre patrie*, Gallimard.
Edwy PLENEL, *La Part d'ombre*, « Folio », Gallimard.
Olivier ROLIN, *Port Soudan*, Le Seuil.
Daniel RONDEAU, *L'Enthousiasme*, Quai Voltaire.
— *Chronique du Liban rebelle*, Grasset.
Peter SCHNEIDER, *L'Allemagne dans tous ses états*, Grasset.
SHAKESPEARE, *Œuvres complètes*, « La Pléiade », Gallimard.